Антология наших заблуждений

Б.Н. Хмельницкий

СПОРТ, СПОРТ, СПОРТ...

Alexander Schubert
Privat-Bibliothek

иллюстрации Э. Гринько

Москва
ООО «Издательство «ЭКСМО»

Донецк
ЧП «Издательство СКИФ»

2005

УДК 796
ББК 75.3/4
Х 65

Серия основана в 2004 году

Хмельницкий Б. Н.
Х 65 Спорт, спорт, спорт... — М.: Изд-во Эксмо; Донецк: Изд-во СКИФ, 2005. — 288 с., ил.

ISBN 966-8076-41-9 (СКИФ)
ISBN 5-699-10002-4 (Эксмо)

«О спорт, ты — мир!» — так сказал основатель современных Олимпийских игр Пьер де Кубертен, и это не просто слова. В наше время, в начале III тысячелетия, спорт — чрезвычайно многогранное и всеобъемлющее понятие. Это составная часть физической культуры, это разветвленная международная система соревнований, это бизнес, приносящий миллиарды долларов, это хобби для миллионов болельщиков, это смысл жизни для спортсменов, это жизнь для всех тех, кому спорт подарил здоровье и радость движения!

По всей видимости, просто не существует людей, абсолютно равнодушных к этой обширной сфере человеческой жизни. Между тем трудно найти такого любителя спорта, который не имел бы на его счет никаких заблуждений, корни которых в основном следует искать в истории.

Книга, предлагаемая вашему вниманию, составлена из наиболее распространенных и популярных заблуждений о происхождении того или иного вида спорта, истории его становления и развития, интересных фактов и событий прошлых лет и подробностей из жизни звезд — людей, чьи имена, несомненно, помнят и будут помнить поклонники Спорта с большой буквы.

УДК 796
ББК 75.3/4

ISBN 966-8076-41-9
ISBN 5-699-10002-4

© Хмельницкий Б.Н. 2001, 2003
© Оформление. ЧП «Издательство СКИФ», 2005
© ООО «Издательство «Эксмо», 2005

Введение

«О спорт, ты — мир!» — так сказал основатель современных олимпийских игр Пьер де Кубертен, и это не просто слова. В наше время, в начале III тысячелетия, спорт — чрезвычайно многогранное и всеобъемлющее понятие. Это составная часть физической культуры, это разветвленная международная система соревнований, это бизнес, приносящий миллиарды долларов, это хобби для миллионов болельщиков, это смысл жизни для спортсменов, это жизнь для всех тех, кому спорт подарил здоровье и радость движения!

По всей видимости, просто не существует людей, абсолютно равнодушных к этой обширной сфере человеческой жизни. Между тем трудно найти такого любителя спорта, который не имел бы на его счет никаких заблуждений, корни которых в основном следует искать в истории.

Книга, предлагаемая Вашему вниманию, составлена из наиболее распространенных и популярных заблуждений о происхождении того или иного вида спорта, истории его становления и развития, интересных фактах и событиях прошлых лет и подробностей из жизни «звезд» — людей, чьи имена, несомненно, помнят и будут помнить поклонники Спорта с большой буквы.

Прочитав эту книгу, Вы узнаете:
— были ли «равноправными» игры в Древней Греции,

— является ли Англия родиной футбола,
— какую роль в судьбе некоторых спортсменов сыграли журналисты,
— интересные подробности из жизни "короля футбола",
— откуда пришел хоккей,
— о взлетах и падениях Льва Яшина,
— о том, кто придумал рестлинг,
— кто был первым президентом МОКа,
— о происхождении бильярда,
— кто и когда совершил прыжок из космоса,
— что такое РММ,
— что собой представляет "собачий спорт",
— кто является создателем самбо,
— чем же был уникален Бобров,
— о том, кому обязаны своей славой Павел Буре и Андре Агасси и многое-многое другое.

Увлекательного и познавательного Вам чтения!

А были ли «равноправными» игры в Древней Греции?

Есть заблуждения, которые существуют повсеместно вне зависимости от национальности, менталитета и образа жизни человека. Вот одно из них. Многие уверены в том, что древнегреческая Олимпиада служила образцом справедливых состязаний и была местом, где тело и дух человека пребывали в гармонии. Однако это не так.

Во-первых, участниками состязаний могли быть только свободнорожденные греки. Где же хваленое равноправие?

Во-вторых, атлетам предлагалась стандартная программа: конные скачки и гонки колесниц на ипподроме, состязания на стадионе по бегу на различные дистанции, кулачный бой, борьба, рукопашная схватка панкратий и пятиборье (пентатлон), включающее бег, прыжки в длину, борьбу, метание диска и копья. Не было ни заплывов, ни лодочных гонок, ни любых других состязаний на воде. Где же всесторонняя гармония? И как себя проявить талантливым пловцам?

В-третьих, в программе древнегреческих Олимпийских игр упомянуты кулачный бой и панкратий. В отличие от современного, древний бокс не имел ограничений по длительности боя. Атлеты дрались до тех пор, пока один из них не терял сознание или не признавал своего поражения. До нас дошли как картины схваток, довольно часто заканчивающихся трагически, так и описание техники ведения боя: перед сражением борцы наматывали на руки кожаные ленты для фиксации лучезапястных суставов и пальцев.

Панкратий, подобно боям без правил, сочетал в себе самые жестокие приемы бокса и борьбы. Разрешались любые удары кулаком и ногой, даже по голове или ниже пояса. Единственное ограничение — нельзя было тыкать пальцами в глаза соперника. Схватку начинали в вертикальном положении, продолжали на земле и заканчивали только в том случае, если один из состязавшихся не мог продолжить борьбу. Никаких весовых категорий в те времена не существовало. Представьте себе подобное зрелище. Очень справедливо и эстетично? Какие шансы при этом у легковесов?

Кстати, организаторы I и II Олимпийских игр современности посчитали бокс слишком варварским видом спорта, поэтому соревнования по нему проводились в рамках Олимпиады только с 1904 года, и то лишь потому, что он стал к этому времени необычайно популярен в Америке. Тем не менее вскоре бокс исключили из программы Олимпиады. Постоянной олимпийской дисциплиной он стал только в 1920 году, а ведь было точно известно то, что это настоящий античный вид спорта!

Одним словом, ни античные, ни современные Олимпийские игры, к большому сожалению, не могут служить образцом гармонии и равноправия.

Агасси

Об одном из величайших теннисистов современности — Андре Агасси — пишут и говорят много, тем не менее существует довольно большое количество мифов и заблуждений, с ним связанных. О некоторых мы поговорим.

Считается, что у Агасси врожденный талант теннисиста и достичь таких высот ему удалось без особого труда. Это не совсем так. Конечно, талант, скорее всего, у него есть, и талант немалый, но, если бы не отец спортсмена — Ману (Майкл) Агасси, великий теннисист из Андре вряд ли бы получился.

Ману Агасси с детства был влюблен в теннис. Однажды он случайно увидел, как играют в теннис две американки, и понял, что лучше этого спорта ничего нет.

У самого Майкла стать профессионалом в этом виде спорта не получилось, потому что он жил в Тегеране, а там в 40-е годы прошлого века было не до тенниса. Однако спортом Агасси-старший занялся, причем достаточно серьезным — боксом, и благодаря своему упорству стал чемпионом Ирана. После этого он отправился на Олимпиаду в Лондон, где в это время проходил Уимблдонский турнир. Удивительное зрелище разбудило старую любовь с новой силой. «Я понял, что мое будущее целиком связано с теннисом!» — так позже говорил Майкл. Через какое-то время он эмигрировал в США и женился на скромной кассирше Бетти Джоунс. На нее-то и была возложена ответственнейшая миссия — родить будущего чемпиона теннисных кортов мира. И вот 29 апреля 1970 года на свет появился Андре Агасси.

Отец подошел к делу серьезно и занялся обучением сына прямо с пеленок. В буквальном смысле. Мать Андре была шокирована, когда вошла с малышом в детскую: стены были выкрашены в ядовито-зеленый цвет теннисной лужайки, на младенческую кроватку с них взирали огромные портреты великих теннисистов прошлого. Стоит ли говорить, что вместо обычных игрушек у мальчика были теннисные ракетки и мячики. Это все, по мнению Майкла, должно было помочь Андре осознать себя будущим великим теннисистом.

Майкл Агасси как-то поинтересовался у одного известного профессионала, с какого возраста нужно начинать заниматься ребенку, чтобы он стал профессиональным игроком. «С пяти, а лучше с четырех лет», — ответил тот. Но Майкл хотел сделать из сына не просто профессионала, а великого чемпиона, поэтому решил, что стоит начать пораньше. Уже в три года Андре тренировался по 4 ч и наносил не менее 800 ударов по мячу. Постепенно увеличивая нагрузки, Майкл добился того, что сынишка через пару лет делал уже 4 тысячи ударов за двухчасовую утреннюю тренировку. В пять с половиной лет Андре принял участие в первом своем турнире — чемпионате Лас-Вегаса среди детей. Естественно, он без проблем справился с соперниками, которые еще только постигали азы теннисной науки. Агасси по сравнению с ними мог уже считаться искушенным ветераном. Со временем нагрузки на тренировках все возрастали и результат не заставил себя долго ждать.

Иными словами, без самозабвенной упорной работы отца и самого Андре талант последнего мог бы и не раскрыться.

Айкидо

Принято считать, что айкидо — это старинная оздоровительно-оборонительная система, созданная на основе единого философско-религиозного учения, которое сейчас стало одним из видов спорта. На самом деле это не так. Эта система единоборств, как, впрочем, и любая другая, создана с единственной целью — победить противника, а оздоровительный эффект в данном случае не является чем-то самодостаточным и принципиальным.

Морихеи Уесиба, основатель айкидо, родился в Японии 14 декабря 1883 года. В юности ему довелось увидеть, как местные

бандиты по политическим мотивам избивали его отца. Решив стать сильным, чтобы отомстить, он посвятил себя тяжелым физическим тренировкам и изучению боевых искусств. Морихеи получил свидетельства мастерства по нескольким стилям джиу-джитсу, фехтованию и владению копьем. Но, несмотря на свои физические данные и боевые способности, он был неудовлетворен отсутствием в этом духовного начала, поэтому обратился к религии в надежде найти более глубокий смысл жизни, в то же время продолжал изучать единоборства. Объединив знания последних со своими религиозными и политическими воззрениями, Уесиба создал айкидо. С названием борьбы основатель окончательно определился в 1942 году (до этого он называл свое боевое искусство «айкибудо» и «айкиномичи»).

Акватлон

Существует заблуждение, согласно которому акватлон — соревнование в плавании под водой на скорость. Это не совсем так. Данный вид спорта появился на свет более 15 лет назад. При Московском институте пищевой промышленности существовала секция подводного плавания. Группа спортсменов, возглавляемая Игорем Островским, всерьез увлеклась борьбой под водой. Со временем были выработаны правила, ставшие основой акватлона. Необычная борьба заинтересовала многих энтузиастов водных видов спорта и стала интенсивно развиваться. Сегодня выделяют 4 раздела акватлона: два спортивных (борьба в ластах и в аквалангах) и два прикладных (гимнастический и боевой). Этот вид спорта считается чем-то средним между подводной игрой и единоборством. Ведь, действительно, чтобы научиться хорошо ориентироваться под водой, вначале там нужно просто освоиться, а лучшего способа, чем игра, для этого нет.

Акватлон не только «родился» в России, но и признан здесь видом спорта наряду с традиционными видами. Есть уже и пер-

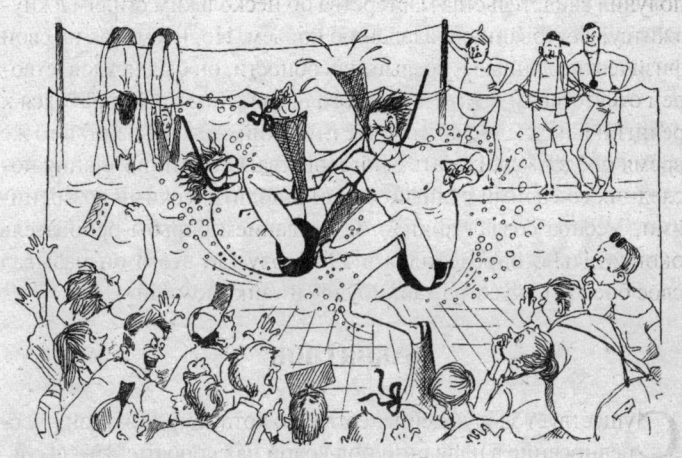

вые мастера спорта, и первые чемпионы. Поскольку под водой сила тяжести не действует, деления по весовым категориям не существует. Однако есть разделения по полу и возрасту.

Также акватлон развивается и в других государствах. Его создатель (И. Островский) ныне проживает в Израиле, где возглавляет Федерацию подводного спорта и является президентом международной ассоциации «Акватлон», занимающейся популяризацией этого вида спорта во всем мире. Сегодня основными центрами развития акватлона в России являются Москва, Тула, Железногорск, Сочи и другие города. Известен акватлон и в странах ближнего зарубежья — Украине, Белоруссии, Молдавии.

Альпинизм. Что это такое?

Существует замечательный экстремальный вид спорта под названием «скалолазание». Считается, что единственное его официальное название — альпинизм. На самом деле это не совсем так.

Если обратиться к «Энциклопедическому словарю» 1961 года издания, то можно прочесть следующее: «Альпинизм — восхождение на горные вершины. Сам термин происходит от названия Альп — высочайшей горной системы Западной Европы. Альпинизм — не единственное название этого вида спорта: горовосходителей в Гималаях называют гималаистами, в Высоких Татрах — татарниками, в Югославии их называют горолезцами и т.п.». Также считается, что скалолазанию не более 100 лет, то есть оно появилось на свет в начале XX века. Это заблуждение.

В 1786 году по инициативе швейцарского ученого Ф. де Соссюра на самую высокую гору в Альпах — Монблан — поднялись М. Паккар и Ж. Бальма. Считается, что это событие по-

ложило начало мировому альпинизму. Через 79 лет, в 1865 году, на альпийскую вершину Маттерхорн по технически довольно сложному пути совершили подъем английские любители горных прогулок. С этого года начал свое развитие спортивный альпинизм, иными словами «восхождение на вершины со спортивными целями по сложным маршрутам».

В 1907 году группа английских скалолазов поднялась на вершину под названием Трисул (Гималаи), высота которой — 7 123 м, тем самым открыв эпоху высотного альпинизма. Немного позже, в 1950 году, участники французской экспедиции — М. Эрцог и Л. Ляшеналь — покорили первую вершину, превышающую 8 000 м. Это была Аннапурна (8 078 м, Гималаи). Спустя три года на высшую точку Земли — Джомолунгму (Эверест, 8 848 м) — впервые взошли новозеландец Эдмунд Хиллари и шерп Тенцинг Норгей, участники английской экспедиции, руководимой Джоном Хантом.

В России, по сравнению с Западом, процесс развития альпинизма шел очень медленно. Первым из известных «русских восхождений» был подъем Петра I на гору Броккен (1 142 м) в Южной Германии в 1697 году. В 1845 году возникло Русское географическое общество, что способствовало развитию альпинизма. По инициативе этой организации проводились многие экспедиции в горные районы Средней и Центральной Азии. Членами общества являлись такие известные путешественники, как Н.П. Семенов-Тяньшаньский, Н.М. Пржевальский и другие. В своих книгах они давали своеобразные отчеты об экспедициях, знакомили читателей с флорой и фауной посещаемых ими стран. В ходе своих исследований ученые открыли неизвестные ущелья, перевалы и хребты. В конце XIX века в Тифлисе, Одессе и Пятигорске было создано множество горных клубов. В 1901 году начало работу Русское горное общество с отделениями во Владикавказе, Пятигорске, Сочи. Годом рождения советского альпинизма считается 1923 год, когда 18 человек совершили восхождение на Казбек. В скором времени еще одна группа, которую до 4500 м вел профессор А. Дидебулидзе, также покорила эту вершину. Всего в двух группах на вершине побывало 26 человек. Сейчас в странах СНГ скалолазанием занимается приблизительно 300 000 человек.

Англия — родина футбола?

Считается, что футбол как игра в мяч ногами был впервые изобретен в Англии. Но на самом деле это не совсем так. Данное утверждение верно только по отношению к футболу в его современном варианте. Одно же из первых упоминаний об игре в мяч ногами относится к 2000 году до н.э. Китайские воины с ее помощью улучшали свою физическую форму. В 1027—256 годах до н.э., во времена правления династии Чжоу, игра ногами в набитый перьями птиц и шерстью животных кожаный мяч была любимой народной потехой в Древнем Китае. Впоследствии, во времена правления династии Хань (202 год до н.э. — 220 год н.э.), эта игра стала непременным атрибутом торжественных церемониалов, проходивших в честь дня рождения императора, и называлась «цзу-чу» («мяч, пробитый ногой»). Еще во времена правления династии Цинь (221—207 годы до н.э.) появились мяч, надутый воздухом, ворота и первые правила игры, состоящие из 25 пунктов. В командах могло быть как минимум по 10 игроков.

В Древнем Египте похожая на футбол игра была известна еще в 1900 году до н.э. В Древней Греции игра в мяч была популярна в различных проявлениях в IV веке до н.э., о чем свидетельствует изображение жонглирующего мячом юноши на

древнегреческой амфоре, хранящейся в музее в Афинах. Среди воинов Спарты была популярна игра в мяч — «эпискирос», — в которую играли и руками, и ногами.

Эту игру римляне назвали «гарпастум» («ручной мяч») и несколько видоизменили правила. Их игра отличалась жестокостью. Именно благодаря римским завоевателям игра в мяч в I веке н.э. стала известна на Британских островах, быстро получив популярность среди коренных жителей — бриттов и кельтов. Первые оказались достойными учениками: в 217 году н.э. в городе Дерби они впервые победили команду римских легионеров. Жестокость игры римлян передалась их последователям. Англичане и шотландцы играли не на жизнь, а на смерть. Порой, согласно преданиям, мячом им служила голова убитого разбойника или слуги.

13 апреля 1314 года жителям Лондона был зачитан королевский указ Эдуарда II, под страхом тюремного заключения запрещавший игру в городе... В 1365 году настал черед Эдуарда III запретить футбол, ввиду того что войска предпочитали эту игру совершенствованию в стрельбе из лука. Ричард II в своем указе в 1389 году упомянул и футбол, и кости, и теннис. Футбол не нравился и последующим английским монархам — от Генриха IV до Якова IV. Но игра становилась все популярнее благодаря своей доступности. В нее играли ремесленники, уличные торговцы и знатные молодые аристократы (в том числе Оливер Кромвель).

В начале XIX столетия в Великобритании произошел переход от «футбола толпы» к организованному футболу, первые правила которого были разработаны в 1846 году в Регби-Скул и два года спустя уточнены в Кембридже. А в 1857 году в Шеффилде был организован первый в мире футбольный клуб. Через шесть лет представители уже 7 клубов собрались в Лондоне, чтобы выработать единые правила и организовать Национальную футбольную ассоциацию. Правила состояли из 14 пунктов и были опубликованы 8 декабря 1863 года. Они строго определяли размер поля (200х100 ярдов, или 180х90 м) и ворот (8 ярдов, или 7 м 32 см). До конца XIX века Английская футбольная ассоциация внесла еще ряд изменений в правила: в 1871 году был определен размер мяча, в 1872 году введен угловой удар, с 1878 го-

да судья стал пользоваться свистком, в 1891 году на воротах появилась сетка, а также стали назначать пенальти (11-метровый штрафной удар). В 1888 году в Англии состоялся первый чемпионат профессионалов. Изменилась и облагородилась игра, стало другим отношение к ней королей. В 1901 году патроном Национальной ассоциации согласился стать король Эдуард VII, а еще 13 лет спустя Георг V впервые в истории футбола лично посетил финальный матч Кубка Английской футбольной ассоциации.

Арбалетный спорт

Заблуждаются те, кто считает, что в современном мире арбалет используется только при съемках исторических фильмов или в работе специальных подразделений (в качестве одного из видов бесшумного оружия). Как это ни удивительно, но есть так называемый арбалетный спорт, у которого достаточно много поклонников.

Вообще говоря, у этого вида оружия очень древняя история. Первые сведения о предках современных арбалетов дошли до нас из Китая, датируются они серединой I тысячелетия до н.э. Китайские арбалеты, в отличие от своих незамысловато устроенных европейских собратьев, имеют четкую и законченную конструкцию. Однако следует отметить, что развитие этого вида оружия в Европе происходило совершенно автономно, поскольку китайские и европейские образцы значительно отличались друг от друга как параметрами, так и конструкциями.

Европейцы познакомились с арбалетами в Греции примерно в V—VI веках н.э., но только в XII веке он получил широкое распространение, особенно в Англии и Франции. На Руси этот вид оружия был хорошо известен уже в X—XI веках, о чем свидетельствует летопись Радзивила, датированная 1159 годом. Арбалетный спорт начал развиваться в раннем средневековье. Соревнования среди арбалетчиков устраивались во время проведения рыцарских турниров. Однако серьезной спортивной дисциплиной этот вид спорта стал только в 50-е годы прошлого столетия. К большому сожалению, он еще не вошел в олимпийскую программу, но продолжает интенсивно развиваться благодаря таким организациям, как Комитет национальных и неолимпийских видов спорта России.

Баскетбол

Заблуждаются те, кто считает, что баскетбол был изобретен в Англии на основе старой немецкой игры с названием «корбболл», суть которой заключалась в забрасывании тяжелого мяча в специальное отверстие. В действительности же современный баскетбол был придуман доктором Джеймсом А. Нейсмитом (1861—1939 гг.) во время его работы в специальном

училище при международном колледже Христианского союза в Спрингфилде (штат Массачусетс, США) в середине декабря 1891 года. Первая игра состоялась 20 января 1892 года.

Международная федерация любительского баскетбола основана в 1932 году. В настоящее время слова «любительская» в ее названии нет.

А вообще, у баскетбола очень интересная история.

Игра пок-та-пок, в которую играли ольмеки в Мексике в X веке до н.э., очень похожа на баскетбол. Оламалитзли была разновидностью той же игры у ацтеков в Мексике в XVI веке. Если цельный резиновый мяч попадал в закрепленное каменное кольцо, то игрок получал одежду от всех зрителей.

Майя рассматривали пок-та-пок как метафору Космоса: движение мяча по полю напоминало им перемещение планет во Вселенной. Целью команды было забить четырехкилограммовый каучуковый мяч в высеченное из камня и вертикально расположенное на стене кольцо противника (представьте себе баскетбольную корзину, повернутую на бок). При этом игроки могли отбивать мяч только бедрами, локтями, плечами, ягодицами или спиной. Большое значение придавалось внешнему виду спортсменов. Они украшали тела ритуальными символами, облачались в кожаные защитные одеяния. Завершали их наряд великолепные головные уборы из перьев экзотических птиц и всевозможные амулеты. Состязание проходило под пристальными взорами вождей, жрецов и многочисленной публики. Победившая команда удостаивалась почетного (по тем временам) приза. Считая, что игроки покорили высоты мастерства и теперь могут соперничать лишь с богами, жрецы приносили «счастливчиков» в жертву.

В наши дни версия пок-та-пок существует в нескольких северных штатах Мексики под названием «улама». Игра сохранилась только как спортивное развлечение и зрелище для туристов. Но победителей, конечно, больше не отправляют состязаться с богами.

Батистута

Габриель Омар Батистута был и есть самым известным футбольным нападающим. И, естественно, о его жизни сложено множество мифов.

Начнем с самого рождения. Считается, что Батистута родился в Реконквисте, в которой и провел добрую половину своей жизни. На самом деле это заблуждение. Самый известный футболист 90-х годов появился на свет 1 февраля 1969 года в городе Авеланеде.

Габриель не увлекался футболом с самого детства, хотя в этом уверены все его поклонники. Достаточно долго его любимым видом спорта был баскетбол. Кто бы мог сказать в то время, что Батистута достигнет всемирной славы, забивая голы на футбольном поле! Он никогда не думал связывать свою жизнь с этой игрой, не мечтал стать богатым и известным. Бати (такое прозвище дали футболисту еще в детстве) дебютировал в большом футболе по чистой случайности. В январе 1987 года представитель «Невеллз олд бойз» из Росарио, увидев, как Бати забавляется, играя в футбол перед баскетбольной тренировкой, убедил отца Батистуты — Осмара, что его сына ждет большое футбольное будущее. И тот, подумав, сказал сыну: «Время пробовать расправлять крылья».

Когда Габриель прибыл в Росарио, ему было очень тяжело, но в то же время он нашел хороших друзей. Габриелю повезло в том, что он смог заставить тренера его новой команды — Марсело Биелса — поверить в него. Впоследствии Биелса стал тренером национальной сборной Аргентины.

В аргентинском первенстве 25 сентября 1988 года будущая «звезда» дебютировала в игре против «Сан-Мартина», он играл в течение 30 мин. Его команда проиграла со счетом 1:0. Однако то, что стало его настоящим дебютом, случилось тремя днями позже, когда нападающий «Невеллз» Габрич получил травму. Тогда Бати надел футболку с девятым номером в игре против «Сан-Лоренцо». Он не забил, но «оставил свое сердце на поле». Первое, что он увидел, проснувшись на следующий день, — заголовки газет, заявлявших в один голос: «Родилась новая «звезда» — Батистута!»

Но успех пришел к нему не сразу после дебютного матча, как это принято считать. Некоторые известные и влиятельные в футбольных кругах люди, например Пассарелла и Сивори, считали, что он не заслуживает такого внимания. Когда Пассарелла был главным тренером национальной сборной Аргентины, он игнорировал Бати (в то время игрока «Ривера») и делал это слишком долго. Сивори в течение долгого времени и по непонятным причинам поливал грязью имя Батистуты во всех средствах массовой информации. Сейчас он не вспоминает ни одной из своих фраз. Однако Габриель никогда не чувствовал желания мстить своим обидчикам или требовать от них извинений. Ему достаточно было просто играть в футбол и быть любимцем публики.

Как и у любого футболиста, карьера Батистуты не была простой. Он был в основном составе «Невеллз» весь 1988 год. В это же время он подписывает первый контракт на 20 000 долларов в год. Позже Бати на время перевели в «Депортиво итальяно» из Буэнос-Айреса, так что он был частью команды, собирающейся в Viareggio в 1989 году, где последняя выбыла из турнира в день двадцатилетия Бати. Но Грузовик — еще одно прозвище, данное Габриелю за его силу и мощь, — уже в то время поражал своей способностью забивать мячи.

В июне того же года с помощью своего менеджера Алоизио Батистута перешел в «Ривер плейт», и из-за смены клуба все снова пришлось начинать с нуля. В 17 матчах он забил 4 мяча. Но вот тренером стал Пассарелла, отношения с которым у Габриеля были, мягко говоря, не очень хорошими. Дела в клубе у Бати заметно ухудшились, и такое положение вещей длилось несколько месяцев. Тем не менее за это время Батистута не вышел на поле всего лишь в одном матче. И все же печаль и тоска по прежнему клубу заставили его уйти из «Ривера» и перейти в «Боку». Но и там чувствовалось, что Батистута не был «своим», не помогала даже поддержка болельщиков. Несмотря на это, Бати продолжал забивать и его имя становилось все более известным. Начали поступать предложения из Европы: «Верона», «Ювентус», «Реал» (Мадрид).

В год, когда сборная Аргентины выиграла «Copa America», Виторио Чеки Гори, вице-президент «Фиорентины», заметил талант Батистуты и предложил ему перейти в свой клуб. На первых порах дела шли неважно, повторялась история с «Бокой» и «Ривером»: другая страна, новые обычаи, незнакомый язык, отсутствие взаимопонимания с партнерами по команде. Но сила характера, открытость и искренность помогли ему в преодолении всех препятствий. Бати начал забивать, и его голы преобразили «Фиорентину». Тем временем Флоренция постепенно открывала свое сердце этому молодому человеку с длинными светлыми волосами, «волшебными» ногами и добродушным характером. И Батистута выбрал свою команду — он решил остаться во Флоренции.

Поскольку Габриель богат, красив и известен, существует миф о том, что Бати — самый настоящий плейбой. Но в действительности это далеко не так. Семья всегда очень много значила для Батистуты, и своей жене он никогда не изменял, несмотря на то что они познакомились, когда ему было 17 лет. А случилось это так. Габриель был приглашен на вечеринку по случаю дня рождения к одной молодой девушке, которая праздновала свое пятнадцатилетие. С того момента, как он увидел Ирину в розовом платье, все его мысли были только о ней, Бати почувствовал, что эта женщина создана только для него. Первый раз они поцеловались через восемь месяцев после знакомства и тогда поняли, что не могут жить друг без друга. Они знали, что им предстоит пережить много трудностей, но единственным желанием было выдержать все испытания вместе. Вскоре Габриель должен был подписать свой первый контракт профессионального футболиста и переехать в другой город, оставляя Ирину в Реконквисте. Это было очень трудное время в их жизни.

Габриель и Ирина поженились 28 декабря 1990 года в церкви Saint Roque. В 1991 году они переехали во Флоренцию, где родились и выросли их три сына. Здесь Габриель и Ирина стали настоящей счастливой семьей. В конце карьеры Бати мечтает возвратиться на родину, к истокам. И всегда с ним будут две его семьи: та, в которой он вырос, и та, которую он создал сам.

В настоящее время Габриель Батистута с успехом выступает за итальянскую «Рому».

«Бедные» и «богатые»

Существует заблуждение, согласно которому практически ни один из основных (олимпийских) видов спорта не испытывает дискриминации со стороны властных государственных структур развитых в экономическом отношении стран. На самом же деле такая дискриминация, к сожалению, существует, и мотивируется она тем, что спорт все больше и больше коммерциализируется, а соответственно, и оказывать ему помощь незачем. Наглядным подтверждением подобной позиции государственных структур стали, например, Игры Содружества, состоявшиеся в 1986 году в Эдинбурге, когда правительство Великобритании отказалось выделить средства на их проведение.

Кроме всего прочего, происходит дискриминация некоторых видов спорта, не пользующихся вниманием телевидения, рекламодателей и спонсоров, отдающих предпочтение наиболее зрелищным видам. Многие виды спорта, например греко-римская борьба, водное поло, прыжки в воду, современное пятиборье, не привлекают большого внимания ни зрителей, ни деловых кругов, поэтому не могут быть поставлены на коммерческую основу. Коммерциализация других видов спорта, в частности бокса, футбола, тенниса, гонок, баскетбола, хоккея, легкой атлетики, горнолыжного спорта, протекает весьма интенсивно. Поэтому уже сейчас виды спорта, входящие в олимпийскую программу, разделяются на так называемые «бедные» и «богатые», что приводит к негативным последствиям. Нельзя не заметить потери интереса детей и молодежи к тем видам, которые обделены вниманием телевидения, прессы и не позволяют даже спортсменам высшей квалификации получать существенные доходы.

Естественно предположить, что представители разных видов спорта и различные международные спортивные федерации по-разному относятся к самой тенденции коммерциализации спорта высших достижений. Представители «богатых» видов спорта могут придерживаться такой крайней точки зрения, как, например, это делает чемпион мира по шахматам Г. Каспаров, который еще в 1989 году требовал запретить использование денег, полученных в одних видах спорта, на развитие других, сократить программы олимпийской подготовки в тех видах, которые не имеют большого зрительского и коммерческого успеха. Представители «бедных» видов спорта, в свою очередь, стараются сохранить сложившееся положение, борются против профессионализации спорта и его коммерциализации, требуют финансирования со стороны государства и перераспределения средств, исходя из «медалеемкости» видов спорта в программе Олимпийских игр.

Бейсбол

Бейсбол часто рассматривается как сугубо американский вид спорта. Однако это заблуждение. Его исторические корни уходят во времена Древнего Египта, а первое письменное упоминание об этой игре относится к 1846 году, когда был сыгран первый официальный матч по бейсболу в Нью-Джерси. Тогда большинство правил было взято из английской игры раундерс, которая, как и соответствующая египетская игра, а также русская лапта, очень напоминает бейсбол.

Длительное время создание бейсбола приписывалось некоему Абнеру Даблдею из американского городка Куперстаун. Однако сейчас оспаривается не только то, что он когда-либо играл в бейсбол, но и то, что человек с такой фамилией вообще проживал в Куперстауне до гражданской войны 1861—1865 годов. Зато не вызывает сомнений другой факт. В 1845 году житель Нью-Йорка Александр Картрайт создал бейсбольный клуб «Никербокер» и разработал свод правил, которые вскоре были признаны другими бейсбольными клубами города. Именно Картрайт установил, что в одной команде должно быть 9 полевых игроков, 4 базы, а расстояние между ними — 90 футов, что составляет 27,3 м. 19 июня 1846 года в городе Хобокен (штат Нью-Джерси) по этим правилам была проведена первая официальная игра, в которой «Никербокер» уступил «Нью-Йорк найн» со счетом 1:23.

В 1869 году в Соединенных Штатах появилась первая команда, выплачивавшая спортсменам гонорар за участие в матчах, — «Ред стокингз» из Цинциннати. Ее примеру поспешили последовать другие, в результате чего между любителями и профессионалами произошел раскол. С тех пор их пути уже никогда не пересекались. В настоящее время развитием

любительского бейсбола руководит Международная ассоциация, объединяющая национальные федерации почти 70 стран, а контроль за профессиональным бейсболом осуществляют так называемые комиссары.

Биатлон

Биатлон — самобытный вид спорта, представляющий собой лыжную гонку с оружием на установленные дистанции и стрельбу по мишеням на огневых рубежах из положений лежа и стоя. Считается, что этот вид спорта был изобретен в XX столетии. На самом деле это не так. Первые соревнования по передвижению на лыжах со стрельбой были проведены еще в 1767 году в Норвегии. В числе трех номеров программы два приза предусматривались для лыжников, которые во время спуска со склона средней крутизны попадут из ружья в определенную цель, расположенную на расстоянии 40—50 шагов. Однако популярность в других странах биатлон приобрел только на заре XX столетия.

В 20—30-е годы прошлого века военизированные соревнования на лыжах были широко распространены в частях Красной Армии. Спортсмены проходили дистанцию 50 км в полном боевом обмундировании, преодолевая различные препятствия. Немного позже военизированные гонки на лыжах с оружием видоизменились и стали похожи на спортивные соревнования. Так, например, появились командная «гонка патрулей» на 30 км со стрельбой на финише.

«Гонки военных патрулей» приобрели популярность и за рубежом. Они были включены в программу I зимних Олимпийских игр в Шамони в 1924 году как показательные, но с награждением победителей и призеров олимпийскими медалями. Такие же выступления прошли на II, IV, V зимних Олимпиадах. Зрелищность военизированных соревнований из-за соединения в одном состязании нескольких видов спорта, отличающихся по характеру двигательной деятельности, способствовала преобразованию «гонок патрулей» в новый самостоятельный вид спорта — биатлон, утвержденный в 1957 году Международным союзом современного пятиборья.

Первый официальный чемпионат СССР по биатлону прошел в 1957 году на Уктусских горах (под Свердловском). Первым чемпионом страны в этом виде спорта стал Владимир Маринычев, победивший на дистанции 30 км. Чемпионат дал мощный толчок развитию биатлона. С тех пор подобные соревнования проводятся ежегодно.

Вначале программа биатлонистов на чемпионатах страны, мира и на Олимпийских играх включала один вид — лыжную гонку на 20 км со стрельбой из боевого оружия пятью выстрелами на каждом из четырех огневых рубежей. На первых трех рубежах стрелять разрешалось из любого положения, а на четвертом, последнем, — только из положения стоя. За каждый промах ко

времени, показанному в гонке, начислялись две штрафные минуты. Через 7 лет, в 1965 году, решением Международного союза современного пятиборья и биатлона (УИПМБ) были повышены требования к стрельбе. Во-первых, увеличили количество обязательных стрелковых упражнений из положения стоя — два вмсто одного (на втором и четвертом рубежах). Во-вторых, дифференцировали штрафное время: 1 мин — за попадание во внешний круг и 2 мин — за промах по мишени. Начиная с 1966 года на чемпионатах мира и с 1968 года на Олимпийских играх проводится эстафета 4х7,5 км. В 1974 году в программу чемпионатов мира и в 1980 году в программу Олимпийских игр были включены спринтерские гонки на дистанцию 10 км. В этих же дисциплинах стрельбу ведут на двух рубежах из положения лежа и стоя. Причем в эстафете на каждой огневой точке на поражение пяти мишеней можно использовать 8 патронов. Каждый промах компенсируется прохождением дополнительного штрафного круга, длина которого 150 м. С 1986 года на всех дистанциях разрешено использовать свободный стиль.

Брумбол

Обычно принято считать, что во всех игровых видах спорта на льду используются коньки. Как ни странно, это заблуждение. Существует вид спорта под названием «брумбол» (broom — «метла», ball — «мяч»), в котором коньки не нужны.

Он появился в начале XX века. В брумбол играют мужские, женские или смешанные команды на хоккейном поле. Правила похожи на хоккейные, однако игроки обуты в ботинки с подошвой из пористой резины, обеспечивающей надежное сцепление со льдом. Еще одно отличие брумбола от хоккея заключается в том, что вместо шайбы используется мяч размером

немного меньше футбольного. К тому же голы забиваются не клюшкой, а специальной щеткой-метлой. Ворота охраняются голкипером — goalie.

К сожалению, точно не известно, кто именно изобрел брумбол. Одни утверждают, что этот вид спорта родился тогда, когда американские таксисты однажды решили размяться во время своего обеденного перерыва. Другие говорят, что кому-то очень понравилось, как один малыш гонял мяч при помощи метлы, и взрослые решили повторить эту забаву. Третья и четвертая версии возникновения брумбола основаны на том факте, что не все имели возможность участвовать в соревнованиях по хоккею — прародителю брумбола. Пористая же резиновая подошва ботинок позволяла играть даже тем, кто не умел кататься на коньках. Говорят, что на изменении хоккейных правил настояли именно женщины. Они в начале XX века не имели возможности выступать на больших хоккейных площадках, женских команд тоже практически не существовало.

Однако все это сведения непроверенные. Первое же документально зафиксированное упоминание об этой игре относится к 1909 году, когда в Канаде, в провинции Саскачеван, состоялись первые игры по брумболу, который с тех пор уже успел стать зрелым и популярным видом спорта. Распространен он в Скандинавии, Японии, Гонконге, Германии, Италии, а также в России и других государствах бывшего СССР.

«В ожидании ветра» или «в погоне за волной»?

Очень многим из нас нравится наблюдать (обычно по телевизору) за отчаянными парнями, катающимися по морским волнам на разноцветных досках. Называем мы смельчаков серфингистами или серферами, а сам процесс — виндсерфингом. Между тем серфинг и виндсерфинг — разные виды спорта, хотя и похожие.

Серфинг, или, как его еще часто называют, гавайский серфинг, известен человечеству издавна. Это скольжение по воде на специальной доске. Первооткрывателями этого вида спорта принято считать древних полинезийцев, поскольку именно они привезли серфинг на Гавайские острова. Известно также и то, что в момент появления здесь капитана Кука в 1778 году этот вид спорта достиг пика своего развития. С прибытием миссионеров, превратно истолковавших «спорт королей», он пришел в упадок и к 80-м годам XIX века практически исчез. Такое необычное название дали серфингу потому, что самыми лучшими спортсменами были вожди племен и короли. Их доски, которые назывались «оло», имели длину 4,2—5,5 м и весили около 70 кг. Они изготавливались из вили-вили — редкой га-

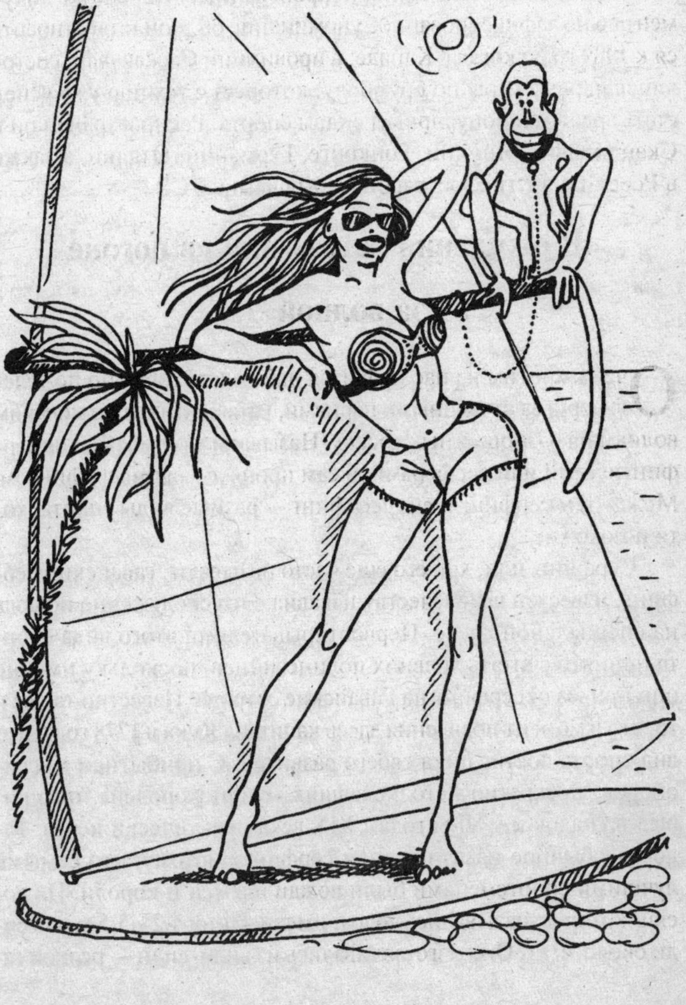

вайской разновидности легкого бальсового дерева. Другое, более тяжелое, дерево коа шло на доски, предназначаемые для низших рангом. В 1908 году Александр Хьюм Форд для возобновления популярности серфинга на Гавайских островах основал клуб серферов под названием «Outrigger canoe», что означает «кусок дерева в форме лодки для придания устойчивости». Гавайский принц Дэвид Кавонанао коа катался на доске в районе Санта-Круз (на севере Калифорнии) в 1885 году, и потому его считают первым серфингистом этого штата. Но «полнокровным» началом жизни гавайского серфинга является первый выход на волну Джорджа Фрита в 1907 году на пляже Редондо. Позже гавайский пловец-олимпиец Дьюк Каханамоку, самый известный среди пионеров этого вида спорта, способствовал популяризации последнего, устроив в 1911 году показательные выступления в Калифорнии, в 1915 году — в Австралии и в 1917 году — возле устья реки Сан-Лоренцо в районе Санта-Круз. Тем не менее широкому распространению серфинга препятствовало то, что доски были достаточно тяжелы и дороги.

Ситуация изменилась к лучшему после опытов Боба Симмонса. Он значительно снизил массу доски (серфа), использовав очень легкое бальсовое дерево. К концу 40-х годов XX века его бальсовые и фибергласовые серфы стали вытеснять ранее популярные изделия из красного дерева и сосны. Уже к середине 50-х годов в мире наладилось производство полиуретана и, соответственно, появилась современная доска для серфинга. Сегодня популярны модели, покрытые стекловолокном и собираемые вручную (как и раньше) из полиуретановой основы с одним тонким стрингером (поэтому серфы и стоят достаточно дорого).

Пик серфингового бума пришелся на Калифорнию конца 50-х—начала 60-х годов. Количество занимающихся этим видом спорта исчислялось тогда 100 000 человек. Калифорния — родина ходдогера (это разновидность головокружительного трюка на доске), но каждый любитель этого вида спорта мечтал съездить зимой на Гавайи и ощутить то, что принято называть самым идеальным серфом во всём мире, чтобы отважно сразиться с легендарным Северным берегом. Серфингисты мечтали об «идеальной волне» и стремились к ней через весь мир. Группа американских спортсменов в 1956 году привезла с собой в Австралию доски типа малибу для участия в Международных играх спасателей, чем подтолкнула к вдохновенному увлечению серфингом австралийцев. Теперь эта нация одна из самых преданных делу «покорения волн». Начиная с 1960 года серфинг, или, как его поэтически называют, «в погоне за волной», стал распространяться по Европе и занял прочные позиции во всех приморских странах. Европа оказалась неплохим местом для искателей «идеальной волны».

Обратимся теперь к «младшему брату» серфинга — виндсерфингу.

Различия между этими видами спорта видны невооруженным взглядом. Слово wind в переводе с английского означает «ветер», исходя из чего можно сделать вывод, что кроме волн для движения в виндсерфинге требуется также и ветер, надувающий парус.

До сих пор в точности не известно, кто же первым придумал этот спорт. А. Ноздрин, двукратный чемпион мира по зимнему виндсерфингу, по этому поводу пишет следующее: «Начало истории виндсерфинга отсчитывается с 1965 года, когда двум друзьям — Хоилу Швейцеру и Джиму Дрейку — захотелось совместить серфинг и яхтинг. Они видели, что главная проблема первого — зависимость от волн. Джим Дрейк был конструктором-гидродинамиком, а Хоил Швейцер — бизнесменом, оба родом с юга Калифорнии. Дрейку принадлежала идея наклоняемой мачты, а уже вместе друзья разработали универсальный шарнир. В конце 1968 года они запатентовали первую доску «Виндсерфер». Очень быстро виндсерфинг стал популярным. Неудовлетворенный стеклопластиковыми корпусами, Швейцер начал искать более дешевый и стойкий материал и остановил свой выбор на полиэтилене. Дюпон, производитель продукции из пластмасс, оказался заинтересованным в новом применении полиэтилена. Выпустив серию публикаций о виндсерфинге, конструкторы добились мировой известности.

Однако возникла одна проблема, заключавшаяся в том, что виндсерфинг был изобретен ранее. С конца 50-х годов С. Хьюман Дарби (штат Пенсильвания) экспериментировал с досками для виндсерфинга. В 1965 году он опубликовал свою статью в журнале «Popular Science», в которой объяснял, как сделать виндсерфинг самому и как управлять им с помощью наклона паруса. Это кажется странным, но до конца 1976 года Хоил Швейцер и Дарби никогда не слышали друг о друге. Они начали жесткую борьбу за патент, миллионы ушли на юристов. Сегодня Швейцер является директором «Windsurfing International», а Дарби шьет специальные паруса на заказ».

Что же касается истории отечественного виндсерфинга, то у нас он появился уже в 1974 году. Секции парусной доски возникли в Москве, Ленинграде и Тбилиси. А уже весной 1975 года прошли первые соревнования. В Москве первый турнир состоялся на Пироговском водохранилище в День ВМФ — 27 июля. Его организовал яхтсмен Г.И. Арбузов. В Ленинграде виндсерфинг развивался в яхт-клубе ЛКИ, а проектированием и изготовлением досок занялся В.Л. Богданов. Уже в конце 70-х годов проводилось много всесоюзных соревнований, которые собирали рекордное количество участников — до 180 человек. В олимпийскую программу виндсерфинг вошел в 1976 году. Первым олимпийским классом досок стал «Виндгляйдер». В СССР же существовал национальный стандарт — некий «Монотип», очень похожий на фирменный «Виндгляйдер». Вес советских досок достигал 12 кг. Существовало лишь несколько матриц «Виндгляйдера», за которые шла жестокая подпольная борьба среди школ и отдельных виндсерферов, так как с их помощью изготовлялись самые быстрые и лучшие доски. Основными школами — московские ЦСКА ВМФ и «Водник», яхт-клуб города Сочи и ленинградский ЛКИ — здесь тренировались лучшие спортсмены. После того, как появились новые круглые доски, напоминавшие формой бутылку и легко обгонявшие плоские, весь флот разделили на два основных дивизиона: первый — плоские доски и второй — круглые.

Сейчас МОК заинтересовался новыми направлениями в виндсерфинге. Главным претендентом на участие в следующих

Играх является Formula Windsurfing class, в котором разрешается использование только 1 корпуса (без шверта) и 3 парусов. Доски, спроектированные для гонок в данном классе, имеют длину менее 280 см, ширину 80—85 см и объем 150—180 л.

Следовательно, «в ожидании ветра» и «в погоне за волной» — два самостоятельных вида спорта, впрочем, каждый из них по-своему очень привлекателен.

«Ваше Величество, второго пока не видно»

Более полутора столетий бытует величайшее заблуждение, которое уже стало мифом не просто спортивным, а историческим. В середине XIX века в Англии прошла открытая гонка вокруг острова Уайт на Кубок 100 гиней. Победила американская яхта со скромным названием «Америка». Так, по крайней мере, пишется в прессе, книгах и исторических работах. На самом деле яхта «Америка» эту гонку выиграла не совсем честно. Однако обо всем по порядку.

Когда в середине XIX столетия несколько обеспеченных яхтсменов из Нью-Йорка приступили к строительству шхуны «Америка», они не могли даже представить, что начинают спортивную сагу, которая захватит целые страны. Интерес к данной истории ослабевал только во время мировых войн.

Регаты стали пользоваться огромной популярностью среди правительств мировых держав. Гонки превратились в своеобразную ярмарку тщеславия, победить в них считалось престижным. Конечно, в борьбе за обладание кубком были испробованы все методы: от законных и спортивных до не очень законных и не очень спортивных. Интрига заключалась в том, что Новый Свет очень хотел утереть нос Старому Свету. Это и стало основной причиной сооружения «самой быстрой в мире яхты». Ее построили для выставки в «Кристалл Палас», целью которой было продемонстрировать превосходство Британии над остальным миром в самом расцвете Викторианской эпохи. Морская мощь, фраза «Правь, Британия, морями!» стали тогда основой уверенности Англии в своих силах.

Командор и основатель Нью-йоркского яхт-клуба сформировал синдикат для финансирования строительства новой лодки. Она должна была стать свидетельством того, что американские яхты и шкиперы в состоянии соревноваться с судами и шкиперами британцев. Амбиции заказчиков были очень ярко выражены в кратком задании одному из лучших в то время морских проектировщиков Америки Джорджу Стирсу: «Построить самую быструю в мире яхту». Владелец верфи, на которой сооружалась «Америка», оценил свои труды в 30 000 долларов. Кроме того, судостроитель согласился забрать яхту, если она не станет первой в Америке или за границей.

Услышав об этом проекте, граф Уилтон, командор Королевской эскадры, пригласил командора Нью-йоркского яхт-клуба участвовать в гонке со своим новым судном. Вызов был принят, но ответное письмо содержало следующую фразу: «...несмотря на громкое поражение, которое мы рискуем потерпеть в ваших бурных водах». Считается, что эти слова являлись не более чем уловкой американца. Он слыл азартным человеком и льстил своим соперникам для того, чтобы они охотнее шли на пари. Хотя «Америка» славилась и скоростными обводами, и плоскими парусами, вызывавшими восторг современников, судно все-таки было недоработано. По скоростным качествам оно уступало собственной яхте командора Стивенса «Марии». Таким образом, можно сделать вывод, что110-футовая шхуна «Америка» никогда не являлась «самой быстрой в мире яхтой».

Однако судно отбыло за океан для «сражения» с британцами. По прибытии во Францию «Америку» очистили от прилипших к ее корпусу водорослей и моллюсков. После этого яхта вышла к берегам Англии, где ее встречал одномачтовик (тендер) «Лэверок» — одно из самых новых и быстрых судов в британских водах. Если американцы и хотели усыпить бдительность англичан своими словами об ожидании «поражения», то теперь эта затея раскрылась. Британская элита яхтенного спорта лично могла наблюдать, с какой легкостью «Америка» проплывала мимо «Лэверока». Впечатление оказалось столь сильным, что ни один из вызовов, отправленных Стивенсом по почте в Королевскую яхтенную эскадру, не был принят. Только после язвительной статьи «Таймс», в которой британских шкиперов упрекали в трусости, «Америку» допустили к состязаниям.

В гонке участвовало 14 яхт, которые значительно отличались друг от друга типами и размерами (от 47 т до 392 т), однако гандикап предусмотрен не был (англ. handicap — «спортивное соревнование разных по классу участников с предварительным уравниванием шансов на победу путем предоставления некоторой форы слабейшим, как правило преимущества во времени»). Задержавшись на старте, «Америка» отправилась в погоню за основными английскими соперниками и, если верить протоколу, пришла к финишу первой.

Легенда приписывает этой яхте безоговорочную победу в гонке. Согласно мифу, когда английской королеве Виктории сообщили о том, что американцы победили, она спросила: «А кто же пришел вторым?» — и получила ответ: «Ваше Величество, второго пока не видно».

«Америка», несомненно, очень быстрая яхта, однако именно эта победа не была бесспорной. Из-за несовершенства правил гонки экипаж судна пошел менее длинным путем, чем британские участники регаты, обойдя маяк Нэб (восточнее острова Уайт) с внутренней стороны, в то время как все соперники огибали его снаружи. Часть лучших английских яхт вышла из гонки: одна села на мель, другая прекратила состязание из-за поломок, еще две столкнулись друг с другом. Зато самое маленькое судно «Аврора» пришло к финишу вторым, уступив «Америке» всего 8 мин. Если бы гандикап был предусмотрен, «Аврора», несомненно, вышла бы вперед.

После всего этого яхта «Америка», казалось бы, должна была стать национальной гордостью своей родины. Однако владельцы продали судно лорду Джону Блакуи, а выигранный кубок решено было расплавить и изготовить из 132 унций полученного серебра медали.

«Америка», неоднократно меняя хозяев, участвовала в гонках в британских водах на протяжении следующих 10 лет, пока снова не оказалась у американского берега во время гражданской войны. Судно получило название «Мемфис», на нем был поднят флаг флота Конфедерации. Существует версия, соглас-

но которой яхта использовалась южанами для прохода через морскую блокаду. После войны шхуну обнаружили в одном из портов Каролины. Немного позже она стала учебным парусным судном и ей возвратили первоначальное имя. Когда же комиссия Конгресса обнаружила, что за последние 4 года эксплуатационные расходы на содержание яхты превысили стоимость ее постройки, «Америка» была выставлена на аукцион и куплена главным дворецким Бенджамина Франклина за $ 5 000. В течение нескольких десятилетий она оставалась у этого владельца. Последний раз яхта ходила под парусом в 1901 году. В 1917 году ее купил Чарльз Фостер из Бостона и преподнес в подарок Морской академии. Следующие 20 лет судно было туристической достопримечательностью академии в Аннаполисе. В 1940 году из-за плохого состояния яхту подняли на берег. Спустя 4 года в сильный шторм над реликвией рухнул навес и разрушил то, что до сих пор сохранилось от 93-летнего корпуса шхуны. На сегодняшний день от знаменитого судна остался только руль, выставленный в одном из музеев в Коннектикут е.

Выигранный же «Америкой» кубок не просто пережил яхту. Намерения по переплавке его на медали не были осуществлены. Уже в 1857 году кубок был подарен Нью-йоркскому яхт-клубу и стал переходящей наградой в проводимых и в наши дни состязаниях между морскими державами. Сейчас этот приз называется Кубком Америки.

Велоспорт или гребля?

Все знают, что русские цари конца XIX — начала XX века всячески способствовали развитию велосипедного спорта. В связи с этим существует устойчивое заблуждение, что велоспорт — старейший вид спорта в России*. На самом же деле это звание по праву носит гребля.

В 1860 году Морским министерством был утвержден устав Петербургского яхт-клуба — первой спортивной организации России. В том же году на Средней Невке этот яхт-клуб провел

---

*Примечание: борьбу, состязания силачей и верховую езду в то время официальными видами спорта не считали.

первую гребную гонку. В программу соревнований входили пять заездов шлюпок-четверок на дистанцию 2,5 версты. В третьем заезде шли команды яхт-клуба, ну а в четвертом — команды матросов и лодочников-перевозчиков. Решался вопрос о том, кто сильнее: новоиспеченные гребцы-спортсмены или профессионалы. Лучший результат матросов был 12 мин 45 с, спортсменов — 16 мин 30 с. Вот таким был итог первого официального соревнования России.

В 1872 году состоялась первая встреча гребцов Петербурга и Москвы, а еще через 20 лет — в 1892 году — был проведен первый чемпионат России по гребле на академических судах-одиночках. За весь дореволюционный период гребного спорта первенство страны разыгрывалось 22 раза. Участниками гонок были гребцы только из Петербурга и Москвы. Петербуржцы завоевывали звание чемпиона 15 раз, москвичи — 7 раз.

Русские гребцы с успехом выступали на крупнейших международных соревнованиях. Представитель Петербурга М. Кузик два раза подряд, в 1909 и 1910 годах, выигрывал открытые чемпионаты Голландии. В 1912 году на Хенлейской регате, в которой принимали участие сильнейшие спортсмены мира, он уступил победу только австралийцу Мак-Вилли. В 1913 году Кузик стал обладателем почетного приза «Голубой гребец» Оксфордского университета. До этого приз в течение 60 лет оставался в руках англичан. Побеждал сильнейших гребцов планеты и москвич А. Переселенцев. В 1913 году он выиграл первенство Франции и приз «Первенство Сены», а на парной двойке стал чемпионом Европы. В 1908 году был учрежден Всероссийский союз гребных обществ.

Что же касается велосипедного спорта, то его история не менее интересна, но свое начало она берет много позже. Первое официальное состязание было проведено в Москве 24 июля 1883 года на двух дистанциях: 1,5 версты и 7,5 версты. Фактически эти соревнования носили международный характер. В них участвовали американские, австрийские и английские спортсмены. С тех пор 24 июля отмечается как дата рождения велосипедного спорта в России.

Вторым по значению для развития отечественного велоспорта было соревнование, состоявшееся 23 сентября 1884 года на Царском Лугу в Петербурге. Эти выступления инициировали создание Московского и Петербургского обществ велосипедистов-любителей. Устав Петербургского общества был утвержден 5 декабря 1884 года. Вскоре возникло Московское общество велосипедистов-любителей и Московский клуб велосипедистов.

Уже в конце 80-х годов велосипедные общества были созданы во многих других городах России, а велосипедные же кружки существовали в большинстве губернских и уездных центров. Важнейшим событием в спортивной жизни страны явился розыгрыш в 1891 году звания «Первый ездок России». Эти соревнования были названы Первым Всероссийским чемпионатом. В Москву съехались сильнейшие гонщики Петербурга, Киева, Одессы. В программе была гонка на дистанцию 7,5 версты, считающуюся в то время классической. Подобные соревнования проходили и немного позже — в 1892—1894 годах в Москве.

В 1894 году впервые был проведен интереснейший марафон от Москвы до Нижнего Новгорода, но шоссе оказалось разбитым, поэтому только два спортсмена доехали до Волги. Надо отметить и появление в 1895 году самой тяжелой и длительной гонки Петербург — Москва. Победителем ее стал наиболее выносливый гонщик М. Дзевочко. Петербургский гонщик М. Дьяков в течение нескольких лет достойно представлял Россию на международной арене. Так, с первенства мира 1896 года, которое проходило в столице Дании Копенгагене, он вернулся серебряным призером в гонке на 100 км и занял первые места в гонках на 1 и 10 миль. Первым русским велосипедистом, который совершил в 1911—1913 годах кругосветное путешествие по официально утвержденному Международным союзом велосипедистов маршруту, стал москвич А. Панкратов.

Вот так женщины!

Всем известны имена таких величайших атлетов, как Евгений Сандов, Георг Гаккеншмидт, Иван Поддубный, Петр Крылов и др. Но это мужчины. А что же женщины?

Считается, что мир впервые услышал имена выдающихся силачек во второй половине XX века. В действительности женщины, занимающиеся тяжелой атлетикой, выступали и раньше, и их достижения впечатляют.

Первой и, можно сказать, самой известной «стронгвумен» была Атлета. Она родилась в 1868 году в небольшом бельгийском городе Анверс. Девушка, вопреки запретам родителей, рано начала тренировки с отягощениями. Занятия эти были настолько успешными, что уже в 18 лет Атлета впервые выступила с показательными трюками на сцене Брюссельского театра «Эдем Алхамбра». Публика не просто восторгалась — она была потрясена. На глазах изумленных людей молодая и симпатичная девушка в цветном облегающем трико, под которым, как оказалось впоследствии, скрывались мощные мышцы, выполняла невероятные трюки. Она играючи жонглировала увесистыми металлическими шарами, поднимала неслыханные тяжести и рвала толстые цепи. Все это Атлета делала настолько артистично, что не могла не покорить всех зрителей. Так, она с обворожительной улыбкой танцевала вальс, удерживая на плечах трех мужчин. Еще один номер выполнялся так: Атлета поднимала на плечи тяжелую штангу, за которую цеплялись четверо ее помощников, переодетых солдатами.

Само собой, все это было результатом постоянных тренировок с отягощениями, способствующих наращиванию мышечной массы. В свое время Атлета считалась самой физически совершенной женщиной во всем мире. В наше время она вряд ли выиграла бы конкурс «Мисс Вселенная», но завоевание титула чемпионки мира по бодибилдингу, безусловно, не составило бы для нее никакого труда. У очень знаменитой силачки было множество поклонников и поклонниц в Европе, а позже и в Америке. Десятки тысяч молодых девушек, подражая ей, начинали заниматься с «железом», стремясь стать сильнее и красивее. Вот таким своеобразным был шейпинг конца XIX века!

Благодаря постоянным гастролям Атлете удалось сколотить солидное состояние. К концу карьеры ее средний годовой доход составлял около 10 000—15 000 долларов, что по тем временам считалось просто-таки баснословной суммой. Личная жизнь Атлеты сложилась не менее благополучно: она вышла замуж и родила троих дочерей. Недалеко от родного города Анверс ею было куплено замечательное поместье, названное «Вилла Атлеты». Здесь она вместе с мужем воспитывала своих детей — Брэду, Анну и Луизу, которые с раннего возраста начали выступать вместе с мамой, а затем и самостоятельно. Когда старшей, Брэде, исполнилось 18 лет, она запросто поднимала 65-килограммовую штангу, хотя ее собственный вес составлял 69 кг. Луиза в 16 лет, а младшая дочь, Анна, в 14-летнем возрасте уже забавлялись с 50-килограммовыми «железными игрушками». Впрочем, дочери Атлеты так и не стали столь же знаменитыми, как их мать.

И это только один из множества примеров, которые можно привести в доказательство того, что сильные женщины существовали всегда: Катерина Блумбарх, Сандвина, Женщина-Геркулес, свободно поднимавшая над головой двух взрослых мужчин, уроженка Ирландии Кейт Робертс (или «Мисс Вулкана»), Монтанья в Италии, сестры Сансони в Англии и многие другие.

Марта Кан (Железная Марта) говорила о себе следующее: «Я — самая сильная женщина в мире. Понимаю, что это спорно, но каждый день подтверждаю: я — настоящая стронгвумен. Вы смотрите на меня и думаете, мол, «слабый пол». Но я докажу вам обратное. Луи Сир, признанный мэтр «железа», держал на своей спине до 2 т, но весил при этом 160 кг. Я же вешу всего 60 кг, но могу удержать на своих хрупких плечах 1 700 кг. Посчитайте сами, кто из нас сильнее. Конечно, я не демонстрирую силу своим видом, но газеты называют меня «Атлас в юбке» или «Женщина-Геркулес». Дайте мне подкову — и я разогну ее голыми руками. Дайте мне кусок стали — и я вылеплю из него все, что вы захотите. И не нужно представлять меня этаким чудищем с выпученными глазами и вздувшимися от напряжения уродливыми венами. Я красива, и не каждая примадонна обладает таким телом, как у меня! Я считаю, что только атлетически развитые женщины истинно красивы».

Неплохая самореклама, не правда ли? А если учесть, что все сказанное — правда, становится не по себе.

Вот так изменения!

Большинство людей считает, что все изменения вносились и вносятся в регламент «Формулы-1» либо с целью повышения безопасности гонщиков и зрителей во время проведения соревнований, либо для того, чтобы обеспечить справедливость и честность при определении победителя. Это очень серьезное заблуждение, о котором многие даже и не задумываются. Если проследить историю изменений в правилах, а также событий, произошедших на гонках впоследствии, то миф развеется сам по себе.

В любом виде спорта находятся люди, желающие внести свои коррективы в несправедливые, по их мнению, действующие правила, или возникают обстоятельства, требующие каких-нибудь изменений. В футболе, к примеру, все подобные вопросы рассматривает специальный комитет, заседающий в Англии. Несерьезные предложения им отвергаются, а дельные опробуются в матчах низших лиг и молодежных команд. После этого принимается соответствующее решение. Но никто и никогда не пытается проверять действенность нововведений на чемпионатах мира. Исключение составляет лишь «Формула-1».

Правила мировых гонок изменяются каждый сезон, иногда непосредственно в ходе соревнований. Беда в том, что маленьких, незаметных корректив в этом спорте быть не может. Соревнования «Формулы-1» появились в 1947 году, а чемпионат мира стали проводить только лишь с 1950 года. Международная автомобильная федерация (FIA) приняла регламенты трех «Формул» — A, B и C (Ф-1, Ф-2, Ф-3). «Формула-1» предусматривала участие автомобилей, рабочий объем двигателей которых составлял 1,5 л с компрессором или 4,5 л без компрессора. Откуда же взялась эта «формула»?

Германия выбыла из автомобильных гоночных состязаний надолго. Англия и Франция после войны тоже не могли поднять автоспорт, поэтому у итальянских фирм появилась возможность занять первые позиции. Таким образом, правила первой «Формулы-1» итальянцы писали для себя. У них были разработаны гоночные машины «Maserati» и «Alfa Romeo» с двигателями объемом 1 500 куб. см. До войны же итальянцы не смогли противостоять «Mercedes-Benz» и «Auto Union» в классе автомобилей с двигателями, объем которых 3 000 куб. см. А чтобы соревнования не выглядели показательными выступлениями представителей одной страны, устроители нашли выход: в послевоенной Европе было огромное множество устаревших французских машин с бескомпрессорными моторами объемом около 4 500 куб. см. И конкуренты несерьезные, и массовость обеспечена. Очень сильно впечатляют фотографии заездов пер-

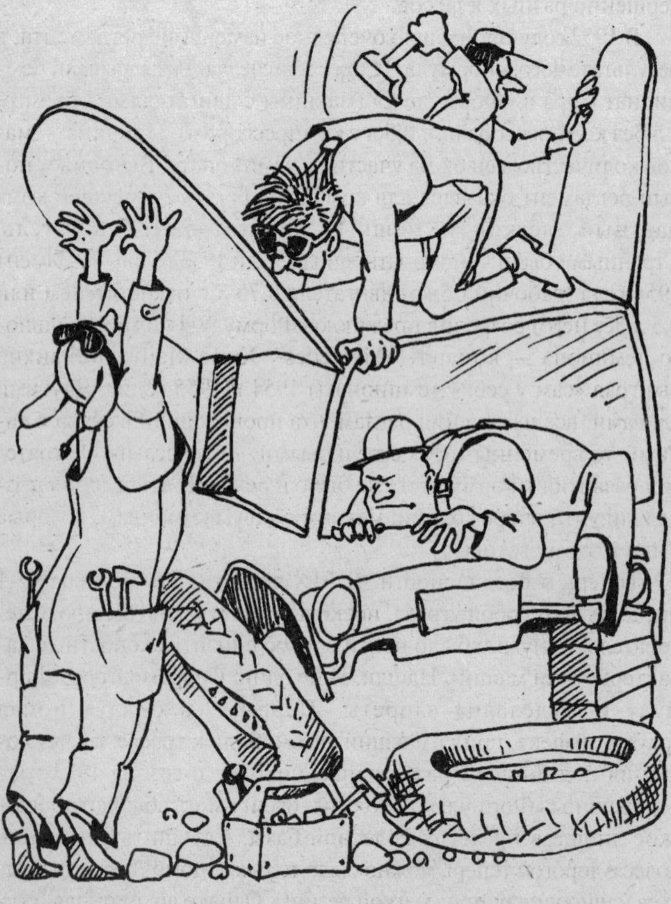

вого чемпионата мира: на трассе соревнуются автомобили совершенно разных классов.

В 1952 году произошло очередное изменение регламента, в результате чего «Формула-1» просто исчезла. Разыгрывали чемпионат мира в «Формуле-2» (машины с двигателями объемом 2 л без компрессора или 0,5 л с компрессором). Причина — малое количество заявок на участие в чемпионате. Выгодным новый регламент оказался для команды «Ferrari», имевшей компактный, легкий и мощный двухлитровый двигатель. Странными были чемпионаты мира 1952 и 1953 годов. Регламент 1954 года (рабочий объем двигателя 0,75 л с нагнетателем или 2,5 л без него) возродил прежнюю «Формулу-1» и монопольного чемпиона — команду «Mercedes». Хуан-Мануэль Фанхио выиграл «сам у себя» чемпионаты 1954 и 1955 годов. Другими словами, все изменения регламента происходили в связи с какими-то временными, «местечковыми» интересами. О стратегии развития «Формулы-1» не было и речи. Нововведения позволяли уйти вперед одной, максимум двум командам, которые были к этому готовы.

Теперь о безопасности. В FIA решили, что болиды Ф-1 представляют собой угрозу, поскольку ездят очень быстро. Следовательно, нужно было найти способ снизить скоростные характеристики машин. Нашли. И не один. Современную «Формулу-1» «сделали» запреты. Первым «в опалу» попал граунд-эффект, прижимавший автомобиль к трассе за счет создания под днищем разрежения, поэтому с сезона 1983 года все машины «Формулы-1» должны были иметь абсолютно плоское днище в пределах колесной базы. Улучшить сцепление колес с дорогой теперь можно было только с помощью антикрыльев и широких шин из мягкой резины. Однако антикрылья, увеличивая лобовое сопротивление, требовали соответствующего изменения мощности двигателя, увеличить которую можно турбонаддувом (турбомотор мог «выдавать» мощность свыше 1000 л.с.). Чиновники FIA уменьшили объем бензобака, так как турбомоторы потребляют много горючего, затем ограничили давление воздуха при наддуве, а в 1989 году последний вообще запретили.

Не все команды смогли сразу создать мощный и надежный атмосферный мотор. Что же делают конструкторы? Шеф-дизайнер команды «Tyrrell» Харви Постлтуэйт в 1990 году предложил решение, ставшее определяющим в создании облика нынешних машин «Формулы-1». Его «Tyrrell-019» имел необычный передний обтекатель: нос автомобиля не опускался к антикрылу, а был приподнят над ним на специальных кронштейнах. Такая конфигурация ускоряет поток воздуха под днищем машины и делает его не таким взвихренным, в результате — некое подобие граунд-эффекта, но в пределах правил.

Второй запрет касался бортовой электроники. Во время соревнований при разгоне, торможении, на поворотах корпус машины кренится, вследствие чего скорость и направление потоков воздуха под днищем существенно меняются. Следовательно, автомобиль на трассе плохо «держит» траекторию, а это очень опасно. Амортизаторами ликвидировать угрожающие крены невозможно. Изобрели активную подвеску, компенсирующую с помощью электроники крены корпуса. Команда «Lotus» испытала первые образцы, опробовала АБС и traction control*. На «Lotus-99T» с активной подвеской Айртон Сенна выиграл Гран-при Монако в 1987 году. Отработанная безотказная

---

*Примечание: traction control — это электронная система, установленная на автомобилях для контроля траектории движения машины на поворотах и по прямой.

электроника появилась в команде «Williams», что позволило Найджелу Мэнселлу выиграть чемпионат в 1992 году. К этому времени все команды разработали электронные устройства, помогающие управлению автомобилем без участия водителя.

FIA в 1993 году «перекраивает» правила, запрещая большинство электронных систем: АБС, traction control, активную подвеску, двустороннюю телеметрическую связь машины с боксами. Не разрешалось и использование автоматической коробки передач (хотя для гоночных автомобилей таковой в то время не существовало). Зачем? Да нужно было остановить команду «Williams», выигравшую два чемпионских титула подряд. Зато как сформулировано! Дескать, запрет электроники может усилить конкуренцию и дать шанс слабым командам! Этого, конечно, не произошло. А случилось ужасное. Лишенные электронных устройств болиды стали непредсказуемыми на трассе, поведение машин ставило в тупик лучших пилотов. Во время Гран-при Сан-Марино сначала попал в больницу Рубенс Баррикелло, затем погиб пилот команды «Simtek» Роланд Ратценбергер, еще позже — Айртон Сенна. Через две недели на Гран-при Монако разбился выступавший за «Sauber» Карл Вендлингер. Вот такие результаты борьбы за безопасность!

На трассах были построены ретардеры, в верхних воздухозаборниках машин сделали специальные отверстия для создания режима «кислородного голодания» двигателей. Электронику FIA так и не разрешила, зато снизила в 1995 году максимальный рабочий объем мотора до 3 000 куб. см. Однако эти двигатели также обладали большой мощностью и разгоняли болиды до сумасшедших скоростей. И тут у эксперта из FIA возникла «потрясающая» идея, согласно которой следует снижать скорость на поворотах, поскольку машину может сорвать с траектории. А чтобы добиться необходимых действий от гонщиков, нужно сделать поведение автомобиля менее стабильным на виражах! Поэтому площадь соприкосновения покрышек с асфальтом уменьшили путем использования шин с продольными канавками, число которых впоследствии увеличилось.

Представляете заявление федерации бобслея, что с целью увеличения безопасности спортсменов гоночный боб должен иметь форму бочки для бензина и специальные кривые полозья, а экипажу разрешено разгонять его только одной ногой? Как вы думаете, поклонники бобслея и сами участники поверили бы, что после подобных нововведений будет безопасно и к тому же приятно выступать? Или, допустим, футболистам решено было бы выдать боксерскую обувь. То, что спортсмены скользят и получают вывихи ног, несущественно, зато не будет травм от шипов!

Однако вернемся к «Формуле-1». Конструкторы — народ упорный. В 1995 году на трассу выехал «McLaren MP 4/10».

Кроме переднего и заднего антикрыльев, на верхнем воздухозаборнике размещалось дополнительное среднее. Но не очень эстетичное решение оказалось и не очень удачным, к тому же никакого преимущества машина не получила. Позже дизайнер команды «Tyrrell» Мик Гаскойн установил дополнительные антикрылья над боковыми воздухозаборниками на специальных кронштейнах. Оба новшества с шумом запретили, а потом тихо разрешили — теперь допускается наличие и верхнего, и боковых антикрыльев небольшого размера. В соответствии с последними изменениями регламента расстояние от переднего антикрыла до земли увеличивается на ма-а-а-ленькие 50 мм. Только вот поведение машин на трассе о-о-очень сильно изменилось. FIA продолжает бороться...

Конечно, пассивная безопасность автомобилей после трагического 1994 года намного возросла, трагедий не было. Да и электроника возвращается. Но не потому, что в FIA вдруг спохватились и заголосили: «Ой, что мы наделали!» Просто теперь отпала необходимость проверять отсутствие автоматического управления тягой на болидах. Руководителям «Формулы-1» так удобней.

Гандбол

Большинство людей считает, что гандбол зародился в Великобритании. Конечно, это заблуждение, возникновение которого, видимо, связано с тем, что слово «гандбол» — английского происхождения (англ. handball, от hand — «рука» и ball — «мяч», то есть «ручной мяч»).

Версий происхождения этого вида спорта несколько, но точно известно, что гандбол в нынешнем его виде придумали датские футболисты на рубеже XIX—XX веков в качестве замены футболу на зимнее время. Играли в него руками. Каждая команда состояла всего лишь из 6 игроков и вратаря.

Корни гандбола уходят в глубокую древность: упоминания о «прародителях» этого вида спорта — старинных играх с мячом руками — находим еще в «Одиссее» Гомера и в трудах древнеримского врача К. Галенуса. В средние века аналогичным забавам посвятил свои стихи Вальтер фон дер Фогельвайде. Датой зарождения гандбола, зарегистрированного в международной спортивной классификации под соответствующим названием, принято считать 1898 год, когда Хольгер Нильсен, преподаватель физического воспитания реального училища датского города Ордруп, ввел на уроках физической культуры женских групп игру с мячом, именуемую «хаандболд» («хаанд» — «рука» и «болд» — «мяч»). Суть ее заключалась в том, что на небольшом поле соревновались команды из 7 человек, передавая мяч друг другу и стремясь забросить его в ворота.

Данные историко-спортивного музея РГАФК (Российской государственной академии физической культуры) свидетельствуют о более раннем возникновении гандбола. В 1890 году в Чехии получает распространение народный вариант игры с мячом, названный «хазена» («бросать, кидать»). Суть его сводилась к нерегламентированным перебрасыванию и ловле мяча в смешанных группах без всякого единоборства. В 1917 году житель Берлина Макс Хейзер из двух вариантов создал новую игру для женщин под названием «ручной мяч». Тогда еще никто не мог себе представить, какое распространение эта игра получит во всем мире.

Вообще, история развития гандбола необычна. В 1918 году на международной спортивной карте четко обозначилось два противоборствующих течения игры: чешская хазена (на востоке) и немецкий гандбол (на севере и западе). Уже в 1920 году в

Берлине состоялись первые соревнования на Кубок и первенство Германии по ручному мячу. В 1923 году приняли новый устав состязаний. Уменьшение размеров мяча, введение правил «трех секунд» и «трех шагов» значительно содействовали улучшению техники игры. В 1925 году состоялась первая международная встреча команд Германии и Австрии. Германия проиграла со счетом 5:6.

Признание гандбола международным видом спорта в 1926 году дало толчок к развитию игры в ряде стран. Появились специализированные клубы в Люксембурге, Швейцарии, Испании. В 1928 году в Амстердаме была создана Международная любительская федерация гандбола (ИАГФ), действовавшая до 1944 года. В ее состав входило 11 стран, активно развивавших этот вид спорта. В 1936 году гандбол был впервые включен в программу XI Олимпийских игр в Берлине, победителем которых стала команда Германии. Во время их проведения состоялся IV конгресс ИАГФ, принявший решение о проведении чемпионатов мира по гандболу в двух вариантах — с составом команд из 7 или 11 человек. Сначала в соревнованиях должны были участвовать только мужские спортивные коллективы. В 1938 году в Германии первенство мира выиграли немецкие гандболисты.

Очередной подъем в развитии этого вида спорта начался с создания в 1946 году Международной федерации гандбола — ИГФ, которая утвердила программу действий, а также наметила проведение чемпионатов мира с участием мужских и женских команд (11х11). В 1949 году в Будапеште на женском первенстве сильнейшей оказалась команда Венгрии. В дальнейшем подобные соревнования проводились раз в четыре года. Всего состоялось 7 мужских и 3 женских чемпионата по гандболу, где в составе команд находилось по 11 игроков. Затем этот вид спорта прекратил свое существование в ранге международной игры, тем самым дав возможность развиваться другой разновидности гандбола. Немного позже, в 1954 году, в Швеции состоялся чемпионат мира среди мужских команд, в котором победу одержали хозяева турнира. Женщины провели первый чемпионат по гандболу (7х7) в 1957 году в Югославии, где первое место заняла команда ЧССР.

Гандбол (7х7) был возвращен в олимпийскую программу лишь на XX Олимпийских играх в Мюнхене в 1972 году. Соревнования проводились в закрытом помещении, участвовали только мужские команды. Победили спортсмены Югославии. Женский гандбол впервые был включен в программу XXI Олимпийских игр в Монреале (1976 год). Блестящее выступление женской команды в Монреале, закрепленное завоеванием золотых медалей на Олимпиаде в Москве, окончательно укрепило позиции советской школы игры на международной арене.

Возникновение отечественного гандбола относится к началу XX столетия и связано с проникновением в Россию сокольской системы физического воспитания. Украинский гандбол впервые появился в Харькове в 1909 году. Родоначальником его стала чешская хазена, культивировавшаяся в обществе «Сокол» как гимнастическая игра. Главная же заслуга в развитии гандбола в дореволюционной России принадлежит доктору Э.Ф. Малы, который к 1914 году завершил работу по созданию высокоподвижной и эффективной игры с мячом и разработал первые официальные правила украинского гандбола. Согласно последним, игра велась командой из 7 игроков на площадке 45x25 м, которая была разделена на три зоны — защиты, центрального поля и нападения. Вратарская площадка ограничивалась линией бросков по воротам с 4 м, составляя прямоугольник 4x8 м. Ширина ворот 2 м, высота — 2,25 м. Игра длилась 2 тайма по 30 мин. Основные правила украинского гандбола вошли в качестве важнейшей составной части в международный устав игры, разработанный в 30-х годах XX века.

Украинская модификация игры стала первым в мире законченным вариантом гандбола спортивной направленности. Первая официальная встреча спортивных команд состоялась в 1910 году в Харькове, а в 1918 году там была организована гандбольная лига.

Первые достоверные сведения о начале развития этого вида спорта и ручного мяча в СССР относятся к 1922 году. Тогда играли в гандбол (11x11). Дебютные встречи проходили в Москве на опытно-показательных площадках Всеобуча. Инициатором стал М.С. Козлов — основатель кафедры спортивных игр

ГЦОЛИФКа. Игру с 11 участниками называли «ручной мяч» (она в основном была распространена в РСФСР), а игру с 7 участниками именовали собственно гандболом. Эти названия в нашей стране сохранялись до конца 40-х годов.

В 1928 году гандбол был включен в программу I Всесоюзной спартакиады. В конце 30-х годов интерес к игре снизился. Активное возрождение гандбола началось в 1946 году, а к 1948 году утвердились новые правила, закрепившие за этой игрой название «ручной мяч 7х7». С тех пор и возникло несоответствие терминов: гандболисты играют в ручной мяч.

С 1993 года Федерация стала именоваться Союзом гандболистов России. На международную арену мужская сборная команда страны вышла в 1960 году, женская — в 1962 году. Первые большие успехи пришли к нашим сборным спустя полтора десятка лет. Женская сборная команда стала победительницей на чемпионатах мира 1982 года (Венгрия), 1986 года (Голландия), 1990 года (Южная Корея), олимпийским чемпионом на XXI и XXII Олимпиадах, серебряным призером на XXIV и XXV Олимпийских играх. Путь к признанию мужского гандбола был сложнее: серебряные награды на чемпионатах мира 1978 и 1990 годов и XXII Олимпийских играх, золотые медали на чемпионатах мира 1982 и 1992 годов, победители XXI, XXIV, XXV Олимпиад. В Играх 1984 года в Лос-Анджелесе наши команды не принимали участие, а в 1992 году выступали объединенной командой СНГ. На Олимпиаде в Атланте в 1996 году мужская сборная вошла в число занявших 4—6 места.

Гандболисты же США до сих пор не получили ни одной олимпийской медали. Бывший чемпион мира сборная Венгрии считается сильнейшей командой. За ней следуют спортсмены Дании и Китая. Самый большой «урожай» медалей собрали чемпионы мира — команда Франции (группа Б) и команда Хорватии (группа А). В Играх 1996 года в Атланте Хорватия впервые в истории выступила под своим флагом и завоевала олимпийские медали. С момента включения гандбола в программу Олимпийских игр его популярность в мире резко возросла. Доработка правил игры, которые устанавливались Международной федерацией, приводит к значительным изменениям. Именно в Атланте был введен перерыв в игре. После первого получаса команды останавливаются на минуту, тогда как раньше они просто менялись воротами. Игроки забрасывают в ворота высотой 1,98 м и шириной 3 м чуть уступающий размером футбольному мяч, который в женском гандболе немного меньших размеров.

В настоящее время гандбол заслуженно именуется атлетической игрой, одинаково популярной как среди мужчин, так и среди женщин.

Гольф

Считается, что родиной этой игры является Италия. Итальянцы утверждают, что прародительницей ее была паганика, в которую играли в Риме с помощью набитого перьями кожаного мячика. О ней нам рассказывают фрагменты старинных фресок, найденные под Вероной. На самом деле это заблуждение. Историки придерживаются того мнения, что гольф родом из Шотландии. Самое первое из упоминаний об этой игре встречается в 1452 году. Позже, в 1457 году, король Яков II запретил гольф и футбол, так как, по его мнению, они мешали военной подготовке солдат. Существует легенда, согласно которой святой Андрей, еще будучи пастухом, однажды ударил своим посохом по камню таким образом, что тот, описав высокую дугу, попал в кроличью нору. Потом он попробовал повторить это еще и еще... На том месте и возникло в Шотландии первое поле для гольфа.

Первые официальные правила игры появились в Шотландии в 1744 году. С этого момента гольф стал активно распространяться по всему миру.

Россия вплоть до сегодняшнего времени оставалась в стороне от развития этой замечательной игры. Известно только лишь, что великий князь Михаил после посещения Шотландии сильно увлекся этой игрой. Немного позднее он, поселившись на юге Франции, основал там первый гольф-клуб «Канн-Манделье», превратив его в самое любимое место отдыха знати.

В современную же Россию эта игра пришла совсем недавно: отечественному гольфу около 15 лет. Первый в стране Московский городской гольф-клуб был создан в 1987 году. Через год там появился драйвинг-рейндж (тренировочное поле), а через два года — игровое поле на 9 лунок. В 1992 году здесь впервые прошел чемпионат России, в котором победили Александр Стрункин и Светлана Кийко. В 1993 году в поселке Нахабино Московский загородный клуб создал поле на 9 лунок. Позднее к ним добавили еще 9, и российские гольфисты наконец получили полноценное поле для игры. С 1996 года открытый чемпионат России превратился в крупный международный турнир — официальный этап европейского Челлендж-тура. Но особого развития этот спорт у нас пока не получил. По всей видимости, это связано с тем, что большинство людей считает, будто гольф — игра для горстки миллионеров, аристократическая забава избранных.

В действительности гольф доступен людям любого достатка и практически любого возраста. Самый молодой зарегистрированный игрок — американец Тайгер Вудс. Когда ему было всего 10 месяцев, в октябре 1976 года, он первый раз ударил клюшкой по мячу (кстати, сейчас этот вундеркинд — один из лучших игроков мира). А самый пожилой участник клубных турниров по гольфу имел за плечами 104 года. Данный вид спорта доступен для людей с любыми доходами (хотя это, наверное, касается только развитых стран). Конечно, на элитные клюшки последней модели, сделанные по специальному заказу, можно потратить не одну тысячу долларов, но ведь можно купить и вполне приличный комплект всего за 200 у.е., что, согласитесь, не так уж много. Это заблуждение появилось на свет, видимо, вследствие того, что во многих странах существуют престижные закрытые гольф-клубы со вступительным взносом, превышающим 1 миллион долларов, причем от желающих туда попасть отбоя нет. Однако там, где эта игра хорошо развита, в первую очередь в Австралии, США, Великобритании, имеется вполне до-

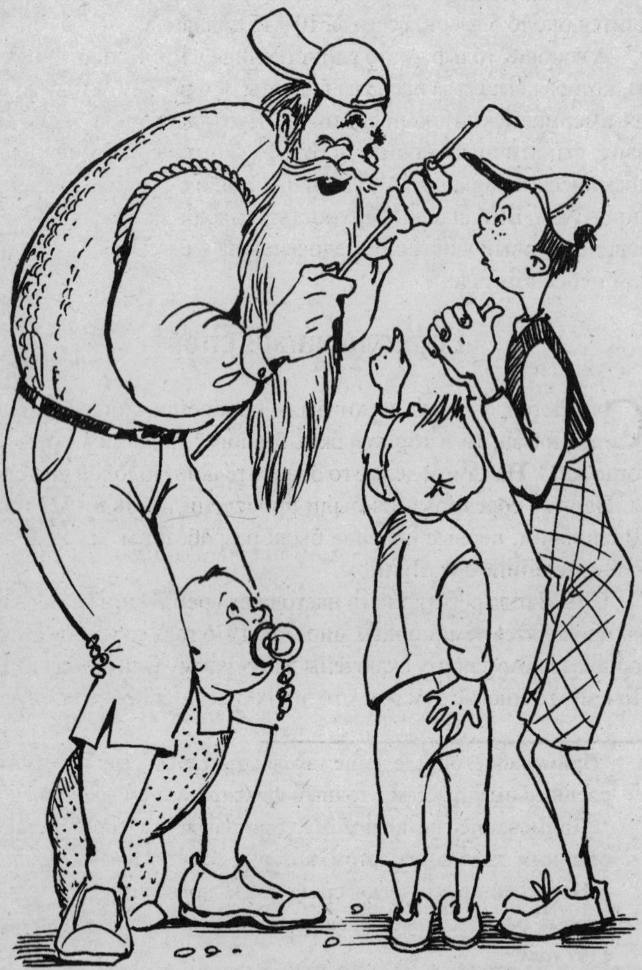

статочно полей для тех, кто хочет сыграть полную игру, которая длится около 5 часов, всего за 10—15 долларов.

А вообще, гольф — это единственная в мире спортивная игра, которая вышла за пределы планеты Земля. В 1971 году во время американской экспедиции на Луну астронавт Алан Шепард, фанатичный любитель гольфа, контрабандой пронес на космический корабль «Аполлон-14» мяч и складную клюшку — айрон № 6. Выйдя на поверхность Луны, он положил мяч и совершил первый в истории человечества удар клюшкой на другом небесном теле.

Горнолыжный спорт

Считается, что раз лыжи были изобретены около 5 тысяч лет назад, то и горнолыжный спорт* появился примерно тогда же**. На самом деле это относительно молодой вид спорта. Первые соревнования были проведены лишь в 1923 году в Швейцарии, первые правила были разработаны за год до этого англичанином А. Лунном.

С 1930 года регулярно (в настоящее время один раз в два года) проводятся чемпионаты мира, а с 1936 года соревнования по горнолыжному спорту включены в программу Олимпийских игр. Почему-то многие думают, что эти состязания проводятся толь-

---

*Примечание: определение таково: это спуск с гор на лыжах по специальным трассам с точным фиксированием времени.

**Примечание: по-видимому, горнолыжный спорт путают с обычным лыжным спортом, который действительно зародился в Норвегии практически сразу после появления лыж, однако первые официальные соревнования были проведены только в 1767 году.

ко в одной дисциплине — в так называемом скоростном спуске. В действительности их целых пять: слалом, гигантский слалом, супергигантский слалом, скоростной спуск и комбинация (слалом + скоростной спуск).

Городки

Считается, что городки, старинная славянская игра, всегда были забавой простого народа. На самом деле это все не так. Можно найти сведения, что в городки с увлечением играли Петр I и генералиссимус А.В. Суворов, В.И. Ульянов (Ленин) и И.В. Сталин, М.И. Калинин и К.Е. Ворошилов. Это развлечение было по достоинству оценено многими выдающимися деятелями отечественной науки и культуры, среди которых композитор В.В. Стасов, академик И.П. Павлов, генетик Н.В. Тимофеев-Ресовский, певец Ф.И. Шаляпин, классики мировой литературы Л.Н. Толстой и А.М. Горький.

Городки существуют уже несколько столетий, но определенных правил практически никогда не было. Правила игры были разработаны только в начале 20-х годов XX века, и тогда же, в 1923 году, в Москве были проведены первые Всесоюзные соревнования, а в 1928 году городки включили в программу первой Всесоюзной олимпиады. Несколько позже, в 1933 году, вышли новые регламентирующие правила, действующие и до сих пор, в которых были определены 15 фигур. В старину играли на земле деревянными битами. После 1923 года начали появляться твердые бетонные и асфальтовые площадки, стали использоваться окованные биты.

Еще в 50-х годах городки были одним из самых массовых видов спорта, уступая по популярности, пожалуй, только футболу. Площадки для этой игры были практически на всех стадионах, во всех домах отдыха, пансионатах, санаториях, пионерских лагерях, в парках и даже на территориях заводов и фабрик. Но, к большому сожалению, в наше время городки уже не пользуются такой популярностью.

День рождения регби

Считается, что не существует вида спорта, дата создания которого была бы точно известна (если не учитывать «изобретения» конца XX века). На самом деле такой вид спорта существует. Это всем известное регби.

Зародилась эта игра в Великобритании. Полное английское название — rugby-football. Начиная со средних веков в Англии огромной популярностью пользовалась игра в мяч. Правда, в то время она «немного» отличалась от нынешних футбола и регби. В мяч без всяких правил играло огромное количество людей как на городских улицах, так и на сельских дорогах. Его ловили, кидали, били ногами — одним словом, прикладывали все усилия, чтобы он попал на сторону противника. Причем британцы делали это настолько воодушевленно, что один француз заметил: «Если англичане с таким самозабвением предаются спорту, то меня пугает одна мысль о том, как они занимаются серьезным делом». Само собой разумеется, что такие «матчи» обычно заканчивались массовым побоищем. Во времена Эдуарда II, Ричарда II и Эдуарда III были изданы строжайшие законы, запрещающие «футбол толпы», поскольку он, по мнению королей, вызывал беспорядки и отвлекал подданных от других занятий. Но постепенно игра становилась более организованной и прочно утвердилась в английских учебных заведениях, хотя команды играли по своим правилам, что создавало трудности при встречах.

Днем рождения этого вида спорта официально считается 7 апреля 1823 года, когда на поле колледжа города Регби в день годовщины победы под Ватерлоо 16-летний ученик Уильям Вэбб Эллис схватил мяч руками и побежал с ним на сторону соперников. Это было нарушение правил, поскольку снаряд можно было только перебрасывать, однако оно послужило толчком к возникновению новой игры. И до сегодняшнего дня гордостью города Регби, кроме самой высокой в Англии телебашни, является мемориальная доска на стене колледжа со словами: «Пусть данная доска напоминает о славном деянии Уильяма Вэбба Эллиса, первого, кто осмелился нарушить правила, схватив мяч руками и побежав с ним. Так в 1823 году возникла игра регби».

В замечательной книге А.М. Талызина «Воистину мужская...» о дальнейшем развитии регби написано так: «26 октября 1863 года на бурном собрании в лондонской таверне «Свободный человек» произошло полное разделение сторонников футбола и регби. Тем не менее в первых правилах футбола еще допускались захваты игрока с мячом и даже удары по ногам ниже колена. До 1869 года футболистам разрешалось ловить мяч руками.

В 1871 году был создан Союз регби (Rugby Football Union), объединивший 21 английский клуб и составивший официальные правила игры. В 1873 году возник Союз регби Шотландии (Scottish Rugby Union), в 1875 году — Ирландский союз регби. Позже, в 1890 году, они объединились в Международный совет регби (International Rugby Football Board), в который позднее вошли бывшие британские доминионы — Австралия, Новая Зеландия и Южная Африка. Здесь и поныне регби является спортом № 1. В 1934 году была создана Международная любительская федерация регби (FIRA). Инициаторами включения регби в программу олимпиад были представители Румынии, где эта игра пользовалась большой популярностью. Впервые регби появилось в программе Парижской олимпиады 1900 года. Места в олимпийском турнире были распределены так: первое заняла Франция, второе — Германия, а родоначальница игры — команда Великобритании — оказалась лишь третьей. В 1920 году в Антверпене чемпионами стали регбисты США, одолев команду Франции. К Олимпиаде 1924 года в Париже построили огромнейший по тем временам стадион «Коломб» на 60 тысяч мест с полем регбийных размеров 144г74 м, включая зачетные поля. И опять же чемпионом стала команда США. Хозяева Игр заняли второе место, бронзовыми призерами стали регбисты Румынии. После этого в силу многих причин (прежде всего, отсутствия единой международной федерации) регби на довольно долгое время исчезло из олимпийской программы.

Ситуация изменилась в 90-е годы. IRB взяла под свой контроль проведение крупнейших соревнований. В 1997 году на сессии МОК в Уэльсе регби было признано олимпийским видом спорта. Его разновидность — регби-7 — включена в программу Олимпийских игр в Сиднее в качестве показательного вида спорта, а уже со следующей олимпиады эта игра, вероятно, на полноправных началах вольется в олимпийскую семью».

Примечательно то, что в России регби начало по-настоящему развиваться ровно через 100 лет после своего рождения. В 1923 году в Москве на том месте, где сейчас находится спорткомплекс «Олимпийский», состоялась первая официально зарегистрированная игра. На поле вышли две команды: Общества физического воспитания трудящихся и Московского речного яхт-клуба. Непосредственным организатором этих первых регбийных соревнований был выдающийся деятель советского спорта М.С. Козлов, заведующий кафедрой спортивных игр Московского института физической культуры. Кстати, этот же человек был и самым первым тренером сборной СССР по футболу. Через 9 лет в Москве появилось несколько команд и состоялся первый чемпионат столицы по регби. Игра стала приобретать популярность и в других городах. К подготовке первых тренеров по регби в институте физкультуры был привлечен известный французский журналист Жан Но, который потом с удовольствием вспоминал: «Были времена, когда в столице насчитывалось 19 команд регби и планировалось завести в каждом коллективе, участвующем в футбольном чемпионате Москвы, по одной, чтобы ее игры входили в клубный зачет».

Далее развитие регби в России происходило следующим образом. Уже в 1936 году состоялись первые чемпионаты СССР и по футболу, и по регби. Чемпионом тогда, как в футболе, так и в регби, стала команда московского «Динамо». Интересно, что столичные динамовцы выигрывали все довоенные всесоюзные соревнования по регби. Но в 1949 году в разгар чемпиона-

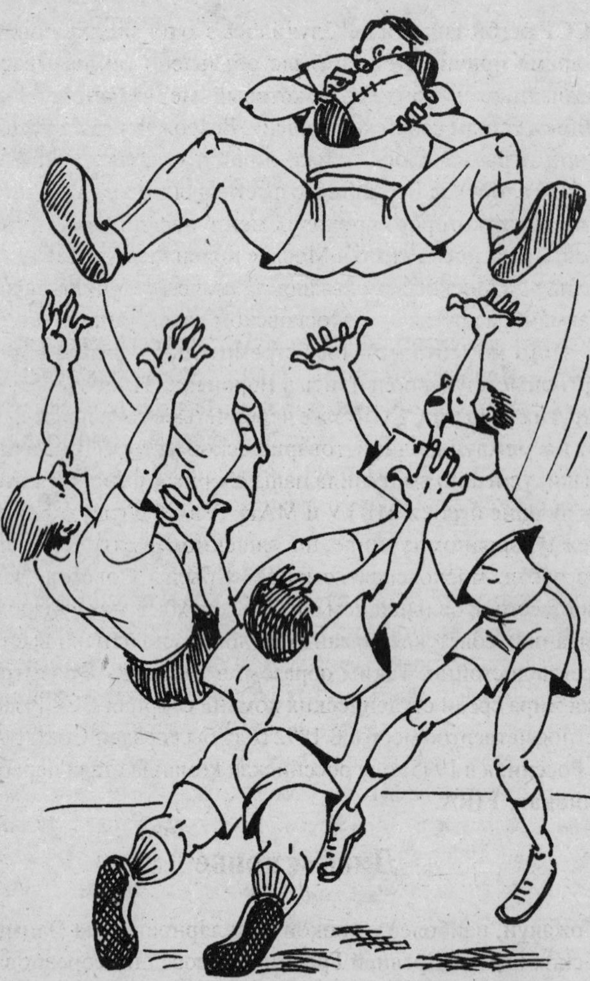

та СССР регби запретили. Случилось это по вполне понятной в то время причине. Регби было объявлено так называемым «прозападным» видом спорта, который «не соответствует нравственным устоям советских людей». Возрождение же этой прекрасной игры началось только лишь после состоявшегося в 1957 году в Москве Всемирного фестиваля молодежи и студентов, в рамках которого проходил международный турнир регбистов. Сразу после этого в Москве появилось две секции регби: одна — в Московском высшем техническом училище им. Н. Э. Баумана, а другая — в Московском авиационном институте. С этого момента началось стремительное развитие регби. Спортивные клубы появились в Воронеже, Николаеве и многих других городах СССР. Уже через четыре года после фестиваля, на международной товарищеской встрече с командой Польши, успешно выступила наша сборная, в составе которой были лучшие игроки МВТУ и МАИ. А в 1966 году в Варшаве, на международном турнире, посвященном десятилетию польского регби, московская команда «Крылья Советов» заняла первое место. В дальнейшем особых успехов в международных состязаниях советская команда не добилась, однако выступала всегда достойно. Таким образом, в 1988 году в розыгрыше Кубка мира среди студенческих команд сборная СССР заняла почетное четвертое место. В 1992 году был создан Союз регбистов России, а в 1995 году российская команда стала первой на чемпионате FIRA.

Диск и копье

Пожалуй, наиболее широкой популярностью на Олимпийских играх в Древней Греции пользовались соревнования в метании диска и копья. Дискоболов и копьеметателей охотно изображали и скульпторы и художники. Знакомясь с историей древнего мира, мы обязательно изучаем репродукции подобных произведений искусств или наслаждаемся видом оригиналов, сохранившихся в музеях. Возможно, этим и объясняется возникновение очередного заблуждения: бег, соревнования в метании диска и копья существуют сейчас в таком же виде, в каком были представлены на древнегреческих Олимпийских играх. На самом деле можно утверждать, что только бег остался неизменным, хотя современная его техника, конечно, отличается от древней. Метание дискоса, или диска, было одним из самых популярных видов атлетики у древних греков. Врачи с лечебными целями назначали его страдающим от полнокровия и ожирения. В VI веке до н. э. Солон, законодатель афинского государства, говорил, что «метание диска укрепляет плечи и увеличивает силу рук и ног». В палестрах, греческих спортивных школах, мальчики упражнялись в метании легких

дисков. Сначала это были каменные снаряды, но с развитием в Греции металлургии стали использоваться бронзовые. Диски также изготавливались из дерева, железа, нередко украшались резьбой, изображениями птиц, животных или сценами спортивных соревнований. Вес снарядов, найденных при археологических раскопках, варьировал от 1,245 кг до 4,5 кг (и даже мог быть 6,63 кг). Сегодня по правилам Международной любительской легкоатлетической федерации (IAAF) допускается минимальный вес диска — 2 кг для мужчин и 1 кг для женщин. Существенный момент: в древней Греции снаряд метали с небольшого возвышения, на которое мог подняться только один атлет. На Олимпиаде в Афинах в 1896 году никто из участников состязаний толком не знал, как все-таки правильно метать диск — снизу или сбоку? Греки убедили весь мир, что древние атлеты поднимали снаряд обеими руками над головой, правой рукой отводили его вниз и назад, а затем резко разворачивали корпус справа налево полуоборотом, выпуская диск, как из катапульты. Именно таким образом скульптор Мирон изобразил своего «Дискобола». Результат напрямую зависел от разворота корпуса и силы броска, вот почему у древних дискоболов были хорошо развиты мышцы живота (это видно на античных статуях). Непосредственно уже на первых возрожденных Олимпийских играх составили правила дискометания с подиума размерами 80x70 см. Спортсменам разрешалось метать как «античным греческим» стилем — снизу, так и «свободным», когда дискобол раскручивался в круге, совершая полный оборот, и выпускал снаряд сбоку. Победителем стал 18-летний американский студент К. Гэррет, метнувший диск «свободным» стилем на 29,15 м. На Олимпийских играх в Лондоне в 1908 году дискоболы разыгрывали две золотые медали: в метании «греческим» способом (но уже не с подиума, а из круга). Оба состязания выиграл амери-

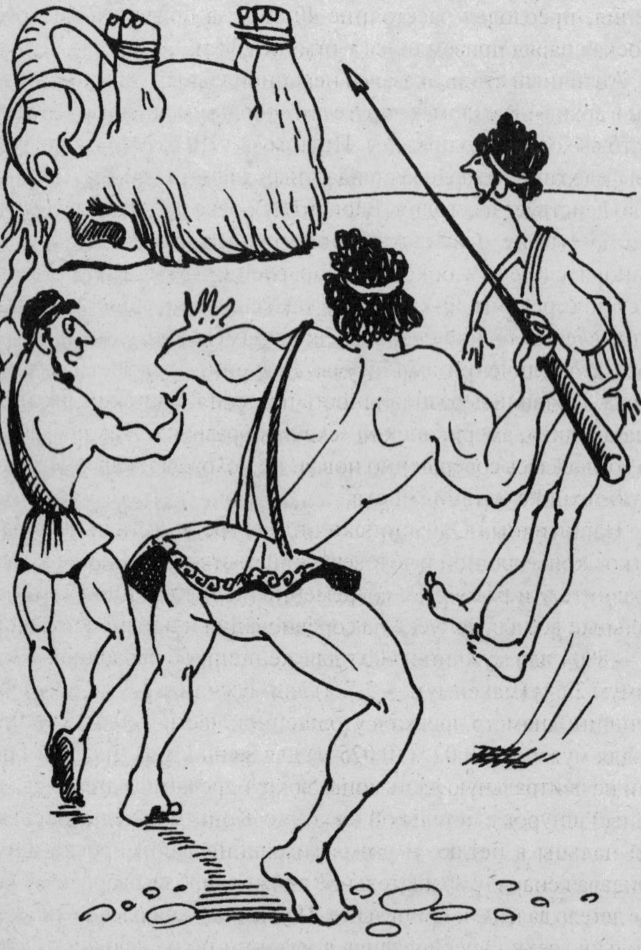

канский атлет Мартин Шеридан. Диск, посланный им после вращения, преодолел расстояние 40,89 м, а после «греческого» броска снаряд приземлился у отметки 38 м.

Античный стиль оказался нерациональным и был «отправлен в архив». В малом же круге дискоболы умещались с трудом, часто выходя за его пределы. Поэтому в 1910 году Международная федерация утвердила стандартный диаметр — 2,5 м. Это правило действует и сегодня. Варианты броска возможны следующие: метание с полутора поворотами, когда спортсмен становится левым боком в направлении броска (так метали диск до середины 30-х годов), а также повернувшись спиной в направлении полета снаряда. Экспериментировали с возможностью увеличения амплитуды движений, скорости разгона диска. Появились разновидность поворота: финский плавный «шагающий», американский «скачкообразный». Так постепенно создавалась совершенно новая, не похожая на древнегреческую техника метания диска.

На античных Олимпийских играх греки метали довольно легкое копье длиной в человеческий рост и толщиной с палец. Сравните эти размеры с современными требованиями: минимальный вес для допуска на соревнования и признания рекорда — 800 г для мужчин и 600 г для женщин; общая длина — минимум 2,6 м (максимум — 2,7 м) для мужчин и 2,2 м (2,3 м) для женщин; диаметр древка в утолщенной части — 0, 025 м (0,03 м) для мужчин и 0,02 м (0,025 м) для женщин. В Древней Греции на центральную часть копья вокруг древка наматывался кожаный шнурок с петелькой на конце. Копьеметатель просовывал пальцы в петлю, и разматывающийся при броске шнур придавал снаряду вращательное движение, благодаря чему копье летело дальше и прицельнее. Последнее наиболее важно, поскольку греки соревновались в метании не на дальность, а на точность! Копье должно было поразить мишень, находящуюся на земле далеко от атлета. В этом заключается существенное отличие древнегреческих состязаний от современных. Кроме того, в настоящее время использование всяческих приспособлений, которые могут изменить траекторию полета копья, или применение для этих целей технических приемов броска категорически запрещено правилами соревнований.

Евреи и спорт

Существует заблуждение, согласно которому евреи — плохие спортсмены. Основывается оно, скорее всего, на устоявшемся за долгие годы стереотипе: еврей всегда хилый, маломощный и не может за себя постоять. А возможно, просто мировую общественность не впечатляют выступления израильской сборной на международной арене. Хотя, конечно, всем известны выдающиеся еврейские шахматисты. Это Таль и Ботвинник, Крамник и Карпов, Стейниц и Ласкер, Фишер и Спасский, Псахис и Полугаевский... Этот список можно продолжать до бесконечности.

На самом деле среди евреев очень много выдающихся и просто популярных спортсменов. Всему миру известны имена Марка Спитца и Ирины Родниной — настоящих легенд спорта XX века, пятикратной олимпийской чемпионки Агнеш Келети и известного фехтовальщика Марка Мидлера, сильнейших легкоатлеток Тамары и Ирины Пресс и победительницы Уимблдонского турнира Анжелы Бакстон, популярного фигуриста Ален Кальме и самого молодого олимпийского чемпиона боксера Джорджа Филдса. Все перечисленные спортсмены — представители еврейской нации. Тяжело даже назвать вид спорта, в котором они не добились бы успеха.

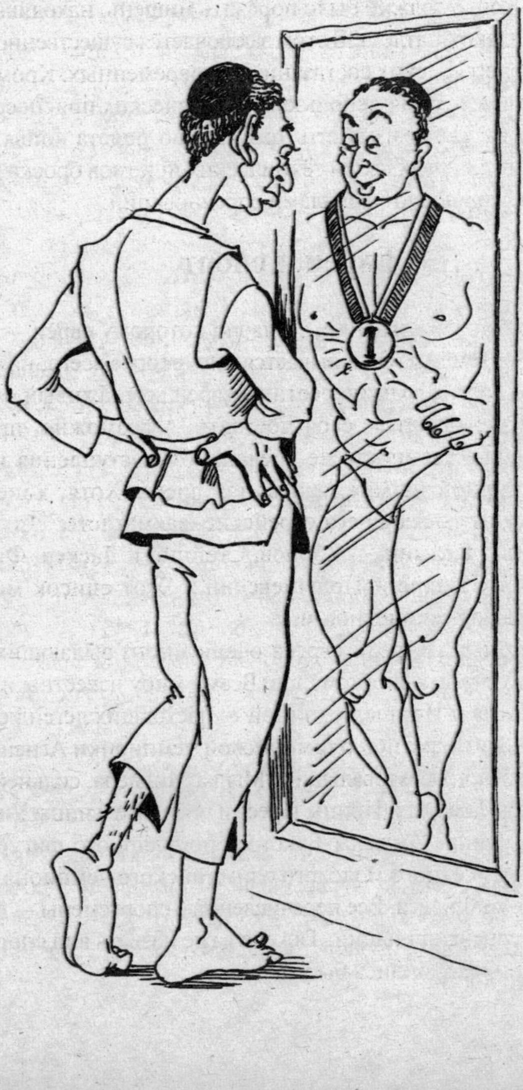

Ольга Левина, Юлия Вайнштейн, Светлана Гринберг, Александр Шварцман не один раз были чемпионами мира по различным видам шашек. Эта игра настолько популярна в Израиле, что в 1997 году там прошел чемпионат мира. Вопреки сложившемуся стереотипу о «слабых евреях», они очень сильны в различных единоборствах. Среди олимпийских и мировых чемпионов по боксу более 30 евреев. Самый знаменитый боксер Англии XVIII века — Даниель Мендоза. Также много известных еврейских борцов. Это олимпийские чемпионы по классической борьбе Яков Пункин и Александр Колчинский, чемпион мира Григорий Гамарник, чемпион мира и олимпий-ский чемпион по вольной борьбе Борис Гуревич, чемпион Европы по дзюдо Илья Ципурский, чемпион мира по самбо Давид Рудман и многие другие.

В самом Израиле постоянно проводятся Маккабиады — израильский аналог Олимпиад и Игр доброй воли. Идея этих соревнований была выдвинута одним из основателей и руководителей сети спортивных обществ «Маккаби» Иосифом Иекутиэли. В первой Маккабиаде приняли участие команды из 22 стран. Вторая Маккабиада прошла в 1935 году, а третья — уже в государстве Израиль в 1950 году. В последней, 16-й по счету, приняло участие около 2 000 спортсменов из 42 стран.

Жан-Клод Ван Дамм

Считается, что знаменитый голливудский киноактер Жан-Клод Ван Дамм до начала своей кинокарьеры был чемпионом мира по кикбоксингу и продолжал выступать на соревнованиях, даже став популярным. Однако это не соответствует действительности.

Жан-Клод Камиль Франсуа Ван Варенбург родился 18 октября 1960 года в Бельгии в семье бухгалтера и продавщицы цветов. В детстве Жан-Клод занимался балетом, потом увлекся бодибилдингом и карате. На этом поприще он преуспел: в 1978 году выиграл чемпионат Европы по карате. В 18 лет в первый раз (но далеко не в последний) решил жениться. Его избранницей стала 25-летняя Мария Родригес, весьма обеспеченная девушка. В основе этого брака, как, впрочем, и следующего, лежал, скорее, финансовый интерес Жан-Клода, а не чувства, хотя не нам судить. Во всяком случае, построив на средства Марии большой спортивный зал и накопив денег на поездку в Америку, Ван Дамм бросил свою жену без всяких сожалений. В 1986 году Жан-Клод встретил свою третью жену — чемпионку Америки по бодибилдингу Глэдис Португез. В то время Ван Дамм уже начал появляться в различных второсортных картинах (по большей части в эпизодических ролях).

Впервые на молодого бельгийского актера обратили внимание после выхода картины «Не отступать и не сдаваться» («No Retreat, No Surrender», 1985), однако настоящий успех пришел к нему несколькими годами позже: «Кровавый спорт» («Bloodsport», 1988), «Кикбоксер» («Kickboxer»,1989), затем «Самоволка» («Lionheart», 1990) и «Двойной удар» («Double Impact», 1991) сделали из Ван Дамма суперзвезду, а фильмы «Универсальный солдат» («Universal Soldier», 1992) и «Трудная мишень» («Hard Target», 1993) лишь закрепили этот успех. Тем не менее взлет и дальнейшее стремительное падение популярности в середине 90-х отрицательно повлияли на актера. Постоянные вечеринки, алкоголь и девушки полностью заменили занятия спортом. Имя Ван Дамма стало все чаще появляться на страницах «желтой» прессы и в отчетах полиции. Его небеспочвенно обвиняли в злоупотреблении наркотиками и алкоголем, неоднократно арестовывали за вождение в нетрезвом виде и прочие правонарушения. В 1996 году актера даже положили в реабилитационную клинику для наркоманов.

Сейчас, если верить слухам, Ван Дамм не пьет, не употребляет наркотики, а занимается спортом, однако вряд ли он когда-нибудь снова будет выступать на соревнованиях по кикбоксингу.

Журналисты и спорт

Отношение обычных людей к журналистам неоднозначное, однако большинство считает, что они помогают популяризировать спорт. Это заблуждение. Ведь именно их нездоровый интерес к личной жизни спортсменов, слишком субъективное отношение к описываемым событиям довольно часто наносят спорту откровенный вред. Примеров, иллюстрирующих это, — масса.

В частности, итальянский марафонец Д. Пиетри, закончивший забег на Олимпийских играх 1908 года при посторонней помощи (спортсмена, находившегося почти в бессознательном состоянии, поддерживали два человека, они и помогли ему пересечь линию финиша), был дисквалифицирован и лишен золотой медали. Пресса раздула скандал, который привлек внимание гигантского количества людей, благодаря чему популярность бегуна во всем мире резко возросла. В то же самое время мало кто помнит имена бегунов-марафонцев, ставших олимпийскими чемпионами на играх разных Олимпиад.

Похожий случай произошел с чемпионом V Олимпийских игр в десятиборье Джимом Торпом, который «с легкой руки» журналистов был дисквалифицирован за выступления в полупрофессиональной бейсбольной команде, что получило широкое освещение в прессе. Уже после смерти спортсмена восстановили в правах, а медали были возвращены его наследникам. Таким образом, Джим Торп в истории Олимпийского движения оказался более знаменитой фигурой, чем все вместе взятые чемпионы Игр в десятиборье.

Известен случай, когда выдающийся американский спортсмен Джесси Оуэнс, обладатель 4 золотых медалей Берлинской олимпиады 1936 года, в ресторане во время обеда вынужден был раздавать автографы. Поставив подпись в сотый раз, спортсмен сказал: «Я пообедаю, а затем продолжу». На следующий день в прессе появилось сообщение, что непревзойденный Джесси Оуэнс потерял множество поклонников, отказавшись дать автограф.

Скандальной ситуации, возникшей после неожиданной дисквалификации в 1988 году рекордсмена и чемпиона мира в беге на 100 м Бена Джонсона, были посвящены тысячи публикаций. Журналисты и телекомментаторы назвали этот случай «самым большим скандалом XX века», «олимпийским Уотергейтом». И в то же время почти не получил освещения значительно более существенный случай, связанный с проблемой допинга в спорте. Прошло незамеченным высказывание известного английского десятиборца Д. Томсона, который, по утверждению югославского журналиста А. Тиянича, заявил, что в Сеуле более 80 % американских и 25 % британских легкоатлетов для улучшения своих результатов использовали химические препараты. Более того, даже сегодня упоминание фамилии Джонсон в связи с проблемами легкой атлетики ассоциируется со скандально прославившимся Беном, а не с его однофамильцем Майклом — уникальным современным спринтером, обладателем двух золотых медалей Олимпийских игр в Атланте и мирового рекорда на дистанции 200 м.

Несколько слов хочется сказать и по поводу нашумевшего скандала с Майком Тайсоном. Не касаясь его проблем с женщинами и многочисленных разборок на улицах, обратимся непосредственно к спортивным «подвигам». После того как Майк укусил за ухо Эвандера Холифилда, журналисты «впали в истерику»: «Ах! Да он просто сумасшедший! Он не может себя контролировать!» — захлебывались они. Однако тот факт, что Холифилд как в первом бою (в котором Тайсон проиграл), так и во втором (матче-реванше) постоянно бил Майка головой в бровь, вследствие чего у того впервые (!) произошло рассечение, журналисты обошли вниманием. Тайсон же предстал в публикациях эдаким чудовищем, что, впрочем, только сыграло ему на руку — соперники боятся сильнее.

Конечно, нельзя утверждать, что журналисты всегда неправильно освещают те или иные спортивные события. Но если бы они были менее падкими на сенсации и скандалы, а больше уделяли внимания непосредственно спорту, последний бы от этого только выиграл.

Игра для рабочих

Часто футбол называют игрой для рабочих, имея в виду его доступность и массовость. На этом же факте, по всей видимости, основывается популярное заблуждение, гласящее, что основные футбольные правила возникли спонтанно в процессе развития игры и были определены этими самыми «рабочими», то есть обычными любителями футбола. В действительности, конечно, все обстоит намного сложнее.

Регламент и порядок этой когда-то неорганизованной, «дикой» игры определился не где-нибудь, а в командах частных школ и университетов Оксфорда и Кембриджа. Почти каждая школа и каждый футбольный клуб имели свои собственные своды правил. Одни допускали ведение и передачу мяча руками, другие — категорически отвергали; где-то количество игроков в каждой команде было ограничено, где-то — нет. В одних командах разрешалось толкать, делать подсечки и бить соперника по ногам, в других это было строго запрещено.

В 1846 году Х. де Уинтон и Дж.С. Тринг из Кембриджского университета встретились с представителями частных школ для того, что- бы сформулировать, унифицировать и принять свод единых футбольных правил. Дискуссия длилась 7 ч 55 мин, в результате чего возник документ, опубликованный под названием «Кембриджские правила», которые были одобрены большинством клубов, а позднее (с незначительными изменениями) их приняла за регламентирующую основу Футбольная ассоциация Англии. К сожалению, копии первоначального свода «Кембриджских правил» не сохранились. Самый ранний из существующих документов, к которому восходят современные правила Футбольной ассоциации, датирован 1862 годом. Он оказал большое влияние на развитие футбола в том виде, в каком мы знаем его теперь. Вот эти правила:

1. Гол считается забитым, если мяч прошел в створ ворот и под перекладиной, за исключением тех случаев, когда он заброшен в ворота рукой.

2. Мяч разрешается останавливать руками лишь для того, чтобы установить его перед собой для удара.

3. Удары должны быть направлены только на мяч.

4. Запрещается бить по летящему мячу.

5. Запрещается ставить подножки, делать подсечки и бить противника по ногам.

6. Когда мяч выбит за боковые флажки, игрок, сделавший это, возвращает его в игру с того места, где мяч пересек боковую линию, в направлении по прямой к середине поля.

7. Когда мяч выбит за линию ворот, его возвращает игрок той команды, через линию ворот которой прошел мяч.

8. Игроки команды соперников должны находиться на расстоянии не ближе 6 шагов от футболиста, возвращающего мяч в игру с боковой линии или с линии ворот.

9. Игрок считается находящимся в положении «вне игры», как только оказался впереди мяча, и он должен немедленно занять положение позади него. Если мячом владеет его команда, игрок в положении «вне игры» не имеет права его трогать или продвигаться вперед до тех пор, пока кто-либо из другой команды не дотронется до мяча или кто-либо из его собственной команды не выбьет мяч на одну линию с ним или дальше вперед.

10. В случае, если игрок находится в положении «вне игры», ему запрещается атаковать соперника. Он может начать атаку только тогда, когда выйдет из этого положения.

В этих правилах прошлого века встречаются еще элементы игры в регби, которые затем были устранены. В настоящее время существует 17 основных правил футбола.

История бобслея

Довольно часто можно услышать, что бобслей был придуман в 1800-х годах в Швейцарии. Но на самом деле тяжелые сани были открыты в американском городе Олбани за несколько лет до их появления в Швейцарии. Международная федерация бобслея создана в 1923 году. С середины 30-х годов проводятся чемпионаты мира и Европы. Олимпийская программа соревнований по бобслею включает в себя три вида состязаний: соревнования мужских двоек, мужских четверок и женских двоек. Состязания команд из четверых спортсменов впервые были представлены на Олимпийских играх 1924 года. Соревнования мужских двоек впервые состоялись на зимних Олимпийских играх 1932 года и с этого момента стали постоянно включаться в программу. Исключение составили Игры 1960 года в Скво-Вэлли, поскольку там не было бобслейной трассы.

Соревнования женских двоек впервые были включены в программу Олимпийских игр в 2002 году. Длительность мужских соревнований по бобслею два дня, по две попытки в каждый день. Таким образом, всего четыре попытки. Электронный секундомер фиксирует время с точностью до одной сотой секунды. Конечным результатом является общее время четырех попыток. Победителя определяют по самому низкому совокупному времени. Если две команды завершают соревнования с одинаковым результатом, то они занимают одно место. Женские соревнования состоят из двух попыток, которые проводятся в один и тот же день, и финальный результат складывается из общего времени двух попыток. Победительницы определяются по той же схеме, что и в мужских стартах.

История велоспорта

В настоящее время широко распространено заблуждение о том, что история велоспорта начинается с момента выдачи в Германии в 1817 году Карлу фон Драйсу патента на изобретение «первого в мире велосипеда». А среди более осведомленных людей бытует другой миф: они считают датой рождения велоспорта 31 мая 1868 года — день проведения гонки на 2 000 м по аллеям парка парижского пригорода Сен-Клу.

История велоспорта так же, как и любая другая, основана на фактах, а ведь они — вещь упрямая. Если уж на то пошло, немецкий лесничий Карл фон Драйс (или Драйз) из Мангейма соорудил в 1814 году (по другим источникам — в 1815 году) свой деревянный двухколесный «велосипед», на который и получил патент в 1817 году. А слово «велосипед» взято в кавычки не случайно, поскольку официально эта двухколесная повозка именовалась «беговая машина» или «дрезина» (в честь изобретателя). Конструкция имела управляемое переднее колесо и приводилась в движение попеременным отталкиванием ног от земли, что напоминало работу нижних конечностей лыжника. Для сохранения обуви в целости и сохранности к подошвам прикреплялись стальные пластины. Разве это похоже на велосипед?! Более точное название изобретению, деревянные колеса которого обивались железом, было дано современниками фон Драйса — «костотряс».

Вариантом первого велосипеда можно считать изобретение крепостного мастерового Ефима Михеевича Артамонов а, воплощенное им в жизнь на заводе в Нижнем Тагиле. За 14 лет до открытия фон Драйса он «в день Ильи Пророка года 1800 ездил на диковинном велосипеде по улицам Екатеринбурга». В 1801 году Артамонов смог добраться на своем самокате в Моск-

94

у, преодолев по бездорожью более 5 000 км, и продемонстрировал свое детище во время коронации царя на Сокольническом поле, за что получил освобождение от крепостной зависимости. Машина была цельнометаллической, шатуны и педали крепились на переднем ведущем колесе диаметром более 1 м, размер заднего был в 2 раза меньше, над приводным колесом крепилось жесткое сиденье наподобие скамейки. Вес изобретения составлял более 40 кг, общая высота машины — около 1,5 м. Вот только патент на свое изобретение Артамонов не получил, хотя его «аппарат» по техническим характеристикам несколько превосходил немецкого «родственника». Интересно, а удалось бы немцу проехать на своем «коне» из Екатеринбурга в Москву? Однако вернемся в Европу.

«Костотряс» продолжали совершенствовать. Теперь, чтобы привести в действие аппарат, нужно было попеременно давить на шатуны, прикрепленные к переднему колесу. Это ускорило ход машины и увеличило тряску. В 1850 году немецкий механик Филипп Фишер изобрел педали для привода колеса. Спустя 5 лет француз Эрнст Мишо смонтировал такие педали на переднем колесе «костотряса», запатентовал свою машину и назвал ее «велосипед», что в переводе с латинского означает «быстрые ноги». Его конструкция содержала все элементы современного механизма: 2 колеса почти одинакового диаметра (педали на переднем), жесткая рама, ручной тормоз на заднее колесо, руль. Все было изготовлено из дерева. Сие чудо экспонировалось на международной выставке в Париже в 1867 году, и на аллеях парка Сен-Клу соревновались уже на преображенных «костотрясах». Победил англичанин Дж. Мур, он же в следующем году триумфально финишировал на первой шоссейной гонке Париж — Руан на 120 км. Со слов очевидцев, участникам этого мучительного испытания требовалось проявить «силу слона и ловкость обезьяны». Результат чемпиона — 10 часов 45 мин, то есть средняя скорость участников была чуть больше скорости спортсмена-пешехода. Вряд ли это можно называть спортом, скорее, выражаясь современным языком, состязанием экстремалов.

После подобных заездов возникла проблема: в связи с тем что педали крепились непосредственно к переднему колесу, для увеличения скорости следовало вращать их с бешеной частотой. Выдержать такую нагрузку никто не в состоянии. Тогда же нашли выход: увеличили диаметр переднего приводного колеса. Эволюция велосипеда совершила первый виток — вспомните открытие Артамонова. Скорость машины достигла 30 км/ч. Изобретатели, кроме того, увеличили переднее колесо и уменьшили заднее. Эти конструкции получили название «пауки». Езда на них была опасна: при малейшем толчке велосипед опрокидывался и седок перелетал через руль. Чтобы сделать состязания на «пауках» более безопасными, стали прокладывать специальные дорожки и первые треки — циклодромы.

Но нас интересует другой подвид велосипеда — модель, прозванная «кенгуру». Это относительно безопасная конструкция с двумя одинаковыми колесами не слишком большого диаметра. А теперь обратите особое внимание на следующие модели:

— «Летучий голландец» (70-е годы XIX века): Г. Бейтс из Кройдена (Англия) создал первый велосипед с приводом на заднее колесо, к которому вращение от педалей передавалось шнуром и шкивами;

— «Байсиклетт» (1879 год): Г. Лоусон заменил шкивы цепным приводом;

— «Ровер» (1885 год): безопасный велосипед Дж. Старли и В. Саттона с двумя колесами диметром 760 мм и цепным приводом на заднее колесо;

— «Уиппет» Ч. Линла и Дж. Биггс: конструкция с рамой ромбообразной формы, которая стала наиболее распространенной, с фиксированным положением седла, педалей и руля. В раме были предусмотрены две пружины для амортизации дорожных ударов. И только одной, но очень важной детали не хватало, чтобы получился действительно удобный велосипед.

Переворот произошел в 1885 году, когда шотландский ветеринар Денлоп изобрел полую пневматическую шину. Трехколесный велосипед его сына оставлял глубокие колеи на садовых дорожках. Для того чтобы ликвидировать следы и сделать езду на «костотрясе» более плавной, Денлоп «обул» колеса в кольца садового резинового рукава для поливки цветов и наполнил их водой. Тряска прекратилась, но водяные шины «съели» скорость. Заслуга Денлопа заключается в том, что он не остановился на достигнутом и нашел способ накачать шины воздухом. В 1886 году шотландец изобрел особый клапан, препятствующий выходу воздуха и автоматически закрывающийся под напором уплотненной атмосферы. Уже в 1889 году наладили массовое производство пневматических шин. Они стали тем новшеством, которое сделало велосипед удобным способом передвижения. Именно с этого времени можно начинать отсчет настоящих спортивных состязаний по велоспорту.

Степень важности шин наглядно демонстрирует следующий пример: в 1976 году команда из Западной Германии выиграла гонку преследования на 4 км благодаря тому, что шины велосипедов были заполнены легким гелием, а не воздухом. В последующее десятилетие появились такие новинки, как шарикоподшипники, уменьшающие трение между движущимися частями, конвейерные методы сборки, стальные трубы, двух- и трехскоростные колесные втулки, ножной тормоз и переключатель передач, то есть скоростей цепного привода.

С 1890 года в велосипедном спорте выделяется несколько категорий гонщиков: профессионалы, любители и независимые. Велосипедный спорт — одна из немногих дисциплин, которая была представлена на всех Олимпийских играх современности, причем для участников I Олимпийских игр в Афинах соорудили трек, который во многом соответствовал современным стандартам. 8 апреля 1896 года были даны первые олимпийские старты для велосипедистов из 5 стран Европы. Программа соревнований включала пяти видов гонок на треке и одну на шоссе.

Современные спортивные модели представляют собой весьма уникальные конструкции. Шоссейный велосипед может иметь до 14 передач, он снабжен первоклассными тормозами. У трекового велосипеда в наличии всего одна передача и отсутствуют тормоза. Скорость спортсменов на треке на закругленных бортиках может достигать 64,5 км/ч. Те, кто выходит на трассы или трек, никогда не называют друг друга «велосипедист» — всегда только «гонщик».

История волейбола

Считается, что волейбол зародился в Великобритании, да еще и в средние века. На самом деле это не так. Родина волейбола — Соединенные Штаты Америки. Новую игру изобрел в 1895 году Вильям Морган — руководитель физического воспитания в Союзе молодых христиан города Холиок (штат Массачусетс). Он предложил перебрасывать мяч через теннисную сетку, натянутую на высоте около 2 м. Название «волейбол» («летающий мяч») дал доктор Альфред Холстед — преподаватель Спрингфилдского колледжа. В 1896 году волейбол был впервые продемонстрирован перед публикой. А через год в США были опубликованы первые правила игры, которые имели всего 10 параграфов.

Прошло несколько лет, и с волейболом познакомились в Канаде, на Кубе, в Пуэрто-Рико, Перу, Бразилии, Уругвае, Мексике. В 1913 году на Паназиатских играх состоялся турнир по волейболу, в котором участвовали команды Японии, Китая, Филиппин. В Европу волейбол был завезен в начале XX века. В 1914 году в него начали играть в Англии. Особенно популярным он становится во Франции, где появился в 1917 году. В 20-х годах он развивается в Польше, Чехословакии, СССР. Начинают проводиться первые официальные первенства стран по всему Европейскому континенту.

Наряду с распространением волейбола в мире совершенствовались правила игры, изменялись техника и тактика, формировались технические приемы. Волейбол становится коллективной игрой. Игроки стали применять силовые подачи, широко вводились в игру обманные удары, большое внимание уделялось технике передачи, возросла роль защиты, игра стала динамичнее.

На родине волейбола, в США, первые официальные соревнования состоялись в 1922 году в Бруклине. Тогда же американцы выступили с предложением включить волейбол в программу Олимпийских игр 1924 года, но это предложение не получило поддержки. В 1934 году на международном совещании представителей спортивных федераций, проходившем в

Стокгольме, предлагается создать техническую комиссию по волейболу, куда вошло 13 европейских стран, 5 американских и 4 азиатские. За основу были приняты американские правила игры. В апреле 1947 года в Париже на первом конгрессе по волейболу было принято решение о создании Международной федерации волейбола.

История дзюдо

Самый распространенный ответ на вопрос: «Что такое дзюдо?» — обычно такой: «Старинная японская борьба». Это заблуждение. Ключевое неправильное слово здесь — «старинная». Дзюдо появилось на свет в самом конце XIX столетия, а окончательно сформировалось только в первой половине XX века. Старинной можно назвать боевую систему, на основе которой она образовалась. Это борьба джиу-джитсу, возникшая в раннем средневековье.

Однажды зимой императорский лекарь Акаяма Сиробэй, прогуливаясь по своему саду, заметил, что толстые ветви яблонь под тяжестью снега ломаются, а тонкие ивовые гнутся и сбрасывают с себя снег. «Мягкость побеждает силу и зло!» — понял он и, благо был неравнодушен к боевым искусствам, уединившись с несколькими последователями у себя в поместье, уже через год представил на суд императорской комиссии борьбу под названием «джиу-джитсу», буквально означающим «борьба мягкости», а поэтический перевод — «ветка, не сломленная снегом». В этой борьбе примерно 3 000 приемов, причем 70 % из них направлено на умерщвление противника. Джиу-джитсу охотно начали заниматься самураи и легендарные ниндзя, которые благодаря своим сверхъестественным способностям сделали из нее что-то уж вовсе невероятное. Но вернемся к дзюдо.

В 1860 году родился человек, который связал идеи и традиции самураев с идеями Олимпийского движения. Это был создатель дзюдо Кано Дзигоро. Современное образование он начал получать с 13 лет в частной британской школе. С науками у него было все в порядке, а вот с физкультурой — проблемы. Кано был хилым и даже по японским меркам низкорослым. Поэтому учителя физкультуры его не любили. Но характер у парня был твердый, и он в 17 лет, что, в общем-то, достаточно поздно, начал заниматься джиу-джитсу. Это был серьезный шаг, поскольку данная борьба в то время в Японии не пользовалась особой популярностью.

Вот что об этом периоде в жизни Кано написано в книге В.В. Антонова и А.Г. Левицкого «История дзюдо»: «Поиски привели юношу в школу тэнсин синье-рю, основанную в 1795 году мастером Исо Матаэионом. Основы техники преподавал Яги Тэйноскэ, который, будучи дальновидным педагогом, заметил одаренность ученика и дал рекомендацию, обязательную для того, чтобы юношу принял Фукуда Хасиноскэ — руководитель школы, сведущий также в вопросах восточной медицины. Это был профессионал своего дела, свято хранивший секреты древнего боевого искусства. Кано упорно тренировался и делал большие успехи. В период обучения у наставника Фукуда молодому Дзигоро приходилось часто встречаться с неким Фукусима — оптовым продавцом рыбы, самым сильным и опытным учеником, часто заменяющим самого мастера на тренировках, когда того стало подводить здоровье. Многочисленные попытки Кано одолеть соперника, превосходящего его физическими данными, были безуспешны.

Однажды Дзигоро решил применить домашнюю тактическую заготовку, которую он планировал долго и тщательно. Придя на тренировку раньше обычного, он сел в углу и еще некоторое время наблюдал за манерой борьбы и передвижениями своего потенциального соперника. В конце тренировки Кано переоделся и, с уважением поклонившись Фукусима, попросил провести с ним поединок. Тот рассмеялся и охотно согласился. Имея опыт многочисленных побед, он был уверен в успехе и на этот раз. Кано встал в двух метрах от соперника и, казалось, не имел никаких намерений атаковать. Несколько обескураженный и раздосадованный, Фукусима сделал шаг вперед и одновременно со своим вторым шагом молниеносно захватил ворот кимоно хрупкого Кано. Именно этого и ждал подготовивший и предвидевший ситуацию соперник. Захватив разноименной рукой атаковавшую руку, развернувшись на четверть оборота к противнику и сгибая ноги в коленях, второй рукой Кано подтолкнул теряющего равновесие Фукусима. При гробовом молчании присутствовавших тот с грохотом приземлился на спину. Эта победа была важна тем, что дала создателю дзюдо возможность убедиться в правильности рассуждений о значимости такого раздела техники, как кудзуси — способов выведения противника из равновесия при подготовке броска».

Сегодня об этом знает любой начинающий дзюдоист. Тогда для многих это было откровением. Сам доктор Кано утверждал, что кудзуси является важнейшей фазой броска: «Предположим, что сила одного человека измеряется в единицах. Мой партнер, скажем, располагает силой, равной 10 единицам. Сам я значительно меньше и слабее его, обладаю силой, равной 7 единицам. Если он будет давить на меня, то, естественно, я уступлю или даже упаду. Но если я буду с той же силой, с какой он наступает, уходить от его захватов, то есть маневрировать, то он вынужден будет наклоняться в мою сторону и тем самым потеряет равновесие. В этом новом положении он тоже будет слабым. Разумеется, сила его останется при нем, но использовать ее в этот момент он не сможет, так как лишится точки опоры. И теперь у него осталось из 10 единиц силы только 3. Я же, не потеряв равновесие, сохраню также все свои 7 единиц силы. На какой-то момент я становлюсь сильнее своего противника, и вот тут-то я должен его победить, не затрачивая на это больших усилий». В этих словах и заключена суть дзюдо.

Через некоторое время доктор Кано стал мастером и открыл свою школу — кодокан. Человеком он был далеко не глупым и понимал, что без «раскрутки» новое направление особо популярным не станет. Комплекс приемов дзюдо, разработанный Кано Дзигоро, был окончательно сформирован в 1887 году и оставался неизменным в течение десятилетий. Но он — лишь один из разделов той системы, работа над которой продолжалась еще 35 лет. Главной отличительной чертой детища доктора Кано стала теория дзюдо, охватывающая круг морально-этических проблем в области боевых искусств. В 1886 году японские власти пришли к выводу о необходимости упорядочить ситуацию и определить приоритетные направления в дальнейшем развитии джиу-джитсу. Количество школ и предлагаемых ими методов преподавания и практикуемой техники начало превышать разумные пределы. Приняли решение провести встречу между школами, претендующими на лидерство. Цель была конкретна — выбрать одну наиболее эффективную систему и на ее основе далее осуществлять преподавание в учебных заведениях. По указанию начальника Управления императорской полиции по 15 мастеров с каждой стороны провели командные состязания. Результат матча расставил все точки над «i». В тринадцати встречах ученики Кано Дзигоро одержали победу, две схватки закончились вничью. Итогом проведения матча стало признание практической ценности дзюдо, которое начали культивировать в армии и полиции, а несколькими годами позже включили в программу средних и высших учебных заведений. Добившись долгожданного официального признания у себя на родине, Кано Дзигоро приступил к осуществлению следующего грандиозного замысла: о дзюдо должен услышать мир.

История настольного тенниса

Сведения о развитии настольного тенниса противоречивы. Некоторые специалисты считают, что зародился он в Азии — в Японии или Китае. Что же касается историографов спорта, в том числе японских и китайских, то большинство из них считает подобное утверждение заблуждением. Есть данные о том, что зародился настольный теннис в Европе.

В XVI веке в Англии и Франции возникла забавная игра без определенных правил. Мяч был с перьями, позже появился резиновый. Сохранились рисунки, на которых можно увидеть теннис давних времен, когда играли ракетками со струнами, похожими на те, которые ныне приняты в обычном, так называемом большом, теннисе. Довольно скоро игра с открытого воздуха перешла в помещение. Позднее появился теннис на двух столах, расположенных на некотором расстоянии один от другого. Прошло еще немного времени, и две половинки стола были сдвинуты. Между ними натянули сетку. Простой инвентарь, а главное небольшие размеры площадки, позволяли играть где угодно.

В XIX веке настольный теннис появился и в России. В 1860 году в Петербурге открылся клуб «Крикет и лаун-теннис», но по-прежнему любимейшими в нем были игры волан, лапта и тамбурин, или, как его еще называли, «же де пом» (с ракетками круглой формы, без ручки). Последний в известной степени можно считать предшественником настольного тенниса. Первые правила игры были созданы в Англии. Одна партия велась до 30, а не до 21 очка, как сейчас. Интересна была форма участников — строгая вечерняя: женщины в длинных платьях, мужчины в смокингах.

Мощный толчок к развитию настольного тенниса дало изобретение английского инженера Джеймса Гибса, который в 1984 году предложил использовать в игре целлулоидный мяч, легкий и упругий. Постепенно стала изменяться форма ракетки, появились фанерные, вес их уменьшился почти в три раза. Укороченная ручка вызвала необходимость по-новому держать ракетку (предопределила «новую хватку», как мы говорим сегодня). Стали применяться и новые материалы для оклеивания игровой поверхности: пергамент, кожа, велюр и др. Автором таких модификаций ракеток можно считать англичанина Е. Гуда. Скорее всего, именно на рубеже XIX—XX веков и определилось название «пинг-понг».

В Англии эту игру как спорт признали еще в начале 1900 года, когда было проведено первое официальное соревнование. Затем, в 1901 году, официальный турнир состоялся в Индии. Его можно считать первым международным соревнованием. Победил один из лучших игроков того времени — индийский спортсмен Нандо. Из Англии игра попала в Австро-Венгрию, затем в Чехословакию, Германию. В Берлине на Виктория-плац открылось кафе «Пинг-понг». Чуть позже такие заведения появились в Вене, Праге и во многих других городах Европы. Быстрое распространение настольного тенниса привело к необходимости создания международной организации и установлению единых правил игры. Благодаря энергичной деятельности доктора Георга Лемана (Германия) в Берлине в январе 1926 года была создана Международная федерация настольного тенниса. Председателем ее стал Айвор Монтегю — прогрессивный общественный деятель и видный английский литератор.

История плавания

Считается, что спортивный характер плавание начало приобретать с середины XIX века. На самом деле это не так. Оно известно человеку с древнейших времен. Спортивное плавание зародилось на рубеже XV—XVI веков. Среди первых соревнований были состязания пловцов в Венеции в 1515 году. В 1538 году вышло первое руководство по плаванию датчанина П. Винмана. Первые школы появились во второй половине XVII—начале XIX века в Германии, Австрии, Франции, Чехословакии. С середины XIX века в ряде стран началось строительство искусственных бассейнов. Особую популярность плавание приобрело в конце XIX века. В 1890 году был проведен первый чемпионат Европы. С 1896 года этот вид спорта включен в программу Олимпийских игр.

В 1908 году была создана Международная любительская федерация плавания. В 1973 году эта организация объединяла 96 национальных федераций.

В дореволюционной России плавание не имело широкого распространения: в начале XX века было всего 7 примитивных закрытых бассейнов. Спортивным плаванием занималось около 1 500 человек. Тренировки проводились преимущественно на открытой воде в летний период, поэтому результаты были невысокими. В 1913 году впервые был проведен чемпионат России по плаванию.

В СССР первые соревнования в этом виде спорта состоялись в 1918 году в Москве. В.Н. Песков организовал спортивное общество «Дельфин», имевшее в своем распоряжении открытый бассейн. В 20-е годы в Москве открылось несколько специализированных школ. В 1921 году на Москве-реке были разыграны медали первого чемпионата СССР. Соревнования по плаванию вошли в программу спартакиады СССР в 1928 году, и с этого времени стали регулярно проводиться первенства СССР.

Капоэйра

Капоэйра... Завораживающее, невероятно красивое зрелище. Большинство людей считает, что это бразильский народный танец, стилизованный под боевое искусство. На самом деле все немного не так.

Действительно, капоэйра очень похожа на танец, но в первую очередь это все же боевое искусство — грозное и смертоносное. Правда, сегодня оно трансформировалось в очень самобытный вид спортивного единоборства. Несмотря на то что в Бразилии еще существуют классические школы капоэйры, она практически является национальным видом спорта, история которого насчитывает уже много лет.

Всем известно, что в Бразилии, как и в большинстве других стран, было развито рабство: невольники обрабатывали плантации сахарного тростника и табака, существовал огромный спрос на живую рабочую силу. За всю историю торговли людьми из разных частей Африки в Бразилию было привезено более 2 миллионов невольников, являвшихся носителями различных культур. Крупнейшие рынки рабов находились в трех главных портах: Байя, Ресифи и Рио-де-Жанейро. В Рио и Ресифи привозили представителей самых разных этнических групп, зачастую враждующих между собой, что сводило вероятность организованного восстания к нулю. Большинство рабов в Рио происходило из племен группы банту, ну а в Байе — из Западной Африки. Осознавая всю тяжесть своего положения и не видя никакой надежды на спасение, они стали организовывать побеги. В Ресифи группа из 40 невольников восстала против своего хозяина, убила всех белых работников и сожгла дом плантатора. Людям, оказавшимся на свободе, пришлось искать место, в котором можно было спрятаться от охотников за рабами. Беглецы направились в горы, путь их длился многие месяцы. Если бы не помощь индейцев, это путешествие стало бы для них последним. Наконец люди нашли безопасное место, названное ими из-за обилия пальмовых деревьев Палмарес. Здесь и образовалось африканское сообщество, просуществовавшее почти 100 лет. Именно в нем зародились первые формы капоэйры.

Никто не знает о ее «африканских» корнях. Все книги, посвященные этой теме, основаны на догадках.

Первое упоминание о капоэйре как боевом искусстве относится к 1770 году. Затем следы теряются и появляются лишь в 1800 году в виде записей в полицейских журналах Рио-де-Жанейро. Осевшие в Палмаресе беглецы смешались с индейцами и белыми поселенцами, переняв друг у друга танцы, ритуалы, религию, игры. Результатом подобного «обмена» стала капоэйра в своем первоначальном виде. Для защиты от врагов африканцы разработали систему ведения боя, названную «война в джунглях». Основным элементом их неожиданных нападений и была капоэйра. Быстрыми и сложными действиями рабы наносили серьезный урон белым. Капоэйра стала их оружием, символом свободы. Позже к этому искусству ведения боя добавились музыка, танец, пение и ритуалы, что позволяло скрывать истинное назначение капоэйры. В 1890 году в Бразилии был принят закон, 10 статей которого непосредственно касались действий и преступлений, связанных с капоэйрой. Все имевшие к ней отношение высылались из страны. Этот закон действовал до 1920 года. Почему капоэйра продолжала существовать? Прежде всего потому, что она поддерживала в африканцах чувство национального единства. Создавались тайные группы, появились опытные и опасные бойцы.

Существуют также другие теории, пытающиеся объяснить происхождение капоэйры. Возможно, под маской танца ее скрывали от рабовладельцев. Однако это кажется маловероятным, поскольку запрет распространялся на все проявления афрокультуры, значит, такой маскарад не принес бы желаемых результатов. Согласно другой теории, у народа Мукупе (на юге Анголы) существовал ритуал инициации (efundula). Когда девушка становилась женщиной, молодые воины танцевали N'golo, или «танец зебры». Он и считается прародителем капоэйры. Эта теория была выдвинута Камара Кассудо в 1967 году, но на самом деле, даже если такой танец действительно существовал, он мог лишь незначительно повлиять на развитие капоэйры. Некоторые связывают происхождение этого боевого искусства с Зумби (Zumbi), легендарным лидером Куиломбос дос Палмарес, но достоверных подтверждений этому нет.

Все перечисленные теории чрезвычайно важны при попытках разгадать тайну, окутывающую капоэйру, но, согласно информации, которой мы сейчас располагаем, они не могут быть приняты как исторический факт. Возможно, после дальнейших исследований теория, утверждающая, что данное боевое искусство — это симбиоз различных африканских танцев и поединков, возникший на благодатной бразильской земле, будет считаться устаревшей. В 1888 году был подписан Золотой закон, отменивший рабство. Вчерашние невольники не сразу смогли найти свое место в обществе. Однако легко вписались в криминальную среду те из них, кто владел искусством капоэйры. В Рио-де-Жанейро, где последняя развивалась исключительно как боевое искусство, создавались преступные банды, терроризировавшие население. В 1890 году (в период становления в Бразилии республики) эти группировки использовались и монархистами, и республиканцами как средство давления на оппонентов. С другой стороны, в Байе капоэйра продолжала развиваться как ритуальный боевой танец, но, поскольку в соответствии с первой конституцией Бразильской Республики, принятой в 1892 году, она находилась вне закона, соревнования проходили тайно.

В начале XX столетия в Рио-де-Жанейро словом «капоэйриста» называли преступника. Белый, черный или мулат, он являлся экспертом в ударах ногами, головой, в подсечках и использовании холодного оружия. В дни карнавала в Ресифи по улицам города ходил оркестр, в составе которого были капоэйристы. И если на одной улице сталкивались два оркестра, то начиналась жесточайшая схватка, вплоть до кровопролития. В Байе капоэйристы тоже считались преступниками. Преследования и постоянные стычки с полицией проходили по всей стране.

Художественная форма капоэйры в Рио-де-Жанейро и Ресифи исчезла и продолжала существовать только в Байе.

Это было время великих игроков, таких, как Бесауро-де-Оиро из Байи, Насименто Грандэ из Рифа и Мандука да Прайя из Рио-де-Жанейро. Первый был учителем другого известного капоэйриста — Кабринья Вердэ. Бесауро не любил полицию и слыл человеком, достигшим абсолютной неуязвимости при помощи магических практик. Согласно легенде, против него возник заговор. И вот однажды он нес записку, содержащую приказ убить его, но, поскольку не умел читать, думал, что несет письмо, которое поможет ему устроиться на работу. В конце концов Бесауро убили деревянным кинжалом, изготовленным при помощи колдовских ритуалов.

В 1937 году Местре Бимба, один из лучших капоэйристов, был приглашен к президенту для демонстрации своего искусства. После его блистательного выступления глава республики дал разрешение на открытие первой в Бразилии школы капоэйры, которая уже в 1974 году была признана национальным видом спорта Бразилии.

Сегодня капоэйра — это часть бразильской культуры. Ее в той или иной степени изучают везде: в детских садах, школах, университетах, военных академиях. За последние 50 лет возросло количество академий капоэйры, стали проводиться регулярные соревнования. С целью координации ее развития создали Национальную федерацию капоэйры.

Керлинг

Что такое керлинг — точно не знает никто. Это, конечно же, шутка, но если говорить серьезно, о данном виде спорта мало что известно большинству людей. Обычно принято считать, что это разновидность хоккея, в которую играют специальной шайбой и специальными клюшками, и появилась она относительно недавно. На самом деле первые упоминания о керлинге датируются 1511 годом.

В Россию же этот вид спорта попал, оказывается, еще в позапрошлом веке. В 1893 году английские и немецкие дипломаты открыли в Москве и Питере первые керлинг-клубы. К сожалению, после революции развитие данного вида в России прекратилось, хотя именно здесь были все предпосылки для этого: льда и камней у нас сколько угодно. В 80-х годах XX века энтузиасты начали возрождать былые традиции, в 1991 году обратились в Международную федерацию керлинга с заявкой на вступление, а уже в 1993 году состоялся первый чемпионат России по этому виду спорта.

Кикбоксинг или муай-тай?

Многие считают, что кикбоксинг — это смесь классического английского бокса и японского карате, его даже иногда называют евро-американским карате. На самом деле это заблуждение. В кикбоксинге намного больше от муай-тай, чем от карате. Но обо всем по порядку.

Да, действительно, кикбоксинг возник на основе ударов руками (как в боксе) и ударов ногами (как в карате). Данный вид единоборств появился на свет в середине 70-х годов XX века практически одновременно в США и Западной Европе. У истоков кикбоксинга стояли такие видные мастера, как Чак Норрис, Билл Уоллес (Суперфут), Доменик Валера и др. В то время в моду вошло все азиатское, в том числе карате. В мае 1974 года в Западном Берлине состоялись организованные спортивными менеджерами М. Андерсоном (США) и Г. Брюкнером (Западный Берлин) первый европейский турнир по карате всех стилей и первая межконтинентальная встреча Европа — США. В соревнованиях участвовали 88 обладателей черных поясов. Данные встречи можно считать первыми турнирами по кикбоксингу. Немного позднее, в сентябре 1974 года, в Лос-Анджелесе состоялся первый чемпионат мира по контактному карате, который проходил в четырех весовых категориях. Победителями этого турнира стали такие бойцы: И. Дуэнас (Мексика), Б. Уоллес, Дж. Смит и Дж. Луис (все из США).

В феврале 1977 года произошло создание ВАКО — Всемирной организации карате всех стилей, которая в начале 80-х была переименована во Всемирную организацию любительского кикбоксинга (аббревиатура организации не изменилась). Это было связано с признанием во всем мире превосходства техники классического бокса над техникой рук карате в поединках по фул-контакту (полному контакту).

Сейчас кикбоксинг становится все более похож на муай-тай (таиландский бокс), более жесткий и древний вид единоборств, чем карате. История муай-тай началась свыше 2 000 лет назад, когда тайский народ был известен как объединение племен ао лай, находящееся в состоянии продолжительной войны с Китайской империей и имеющее репутацию свободолюбивого и отважного народа. Однако превосходство китайской армии вынудило различные племена мигрировать на юг. Так, племя шэнс осело в Северной Бирме, эхом — во Вьетнаме, тайцы же вначале поселились в бассейне реки Меконг, а затем переместились дальше на юг, основав там королевство Сиам. Однако и здесь им пришлось отстаивать свои земли в многочисленных сражениях с энергичными и агрессивными китайцами. Постоянная

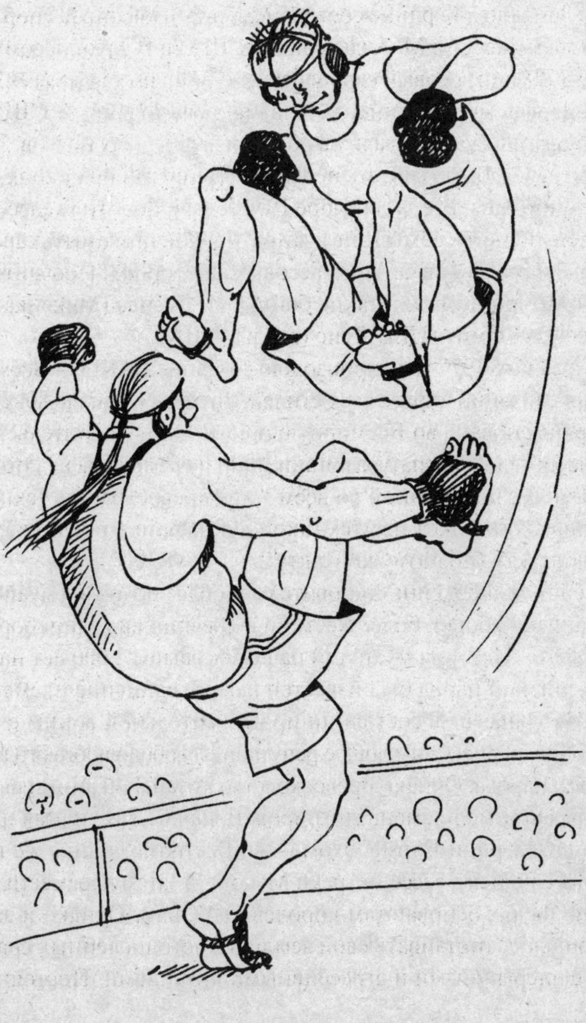

борьба способствовала сплочению тайского народа, который сражался против древних жителей низменностей и некоторых исконных племен. И благодаря постоянным битвам формировалась жесткая система борьбы, которую вначале применяла лишь каста избранных воинов — наяр.

В 1350 году северные народы Сиама собрались под знаменами династии князя Утконга Яидхэйса, которая просуществовала 400 лет. Великие бойцы того времени объединялись для того, чтобы зашифровать и записать технику борьбы. Поскольку методы их подготовки фиксировались и постоянно проверялись, тайское воинское искусство никогда не фрагментировалось в рамках отдельных школ. Улучшения и новшества получали право на существование только после проверки на поле боя. Руководство отвергло идею тайного знания, передаваемого от учителя к ученику. Данная открытость и доступность воинского искусства остановила «замораживание знания» между мастером и учеником. Следовательно, новая борьба стала общедоступной и пригодной для любого, что усиливало тенденцию развития, постоянного обновления и улучшения ее техники.

Король футбола

Имя знаменитого бразильца Пеле приходит на ум, когда речь заходит о легендах футбола. Казалось бы, о ком, а о нем уж известно все. Настолько популярен этот человек, что скрыть что-либо кажется невозможным. И скорее всего, так оно и есть. Однако существует несколько весьма распространенных заблуждений, которые мы попытаемся развенчать.

Считается, что Пеле — самый титулованный в мире футболист и что он забил больше мячей, чем любой другой спортсмен. На самом деле это не совсем так. Конечно, с первой половиной этого утверждения трудно не согласиться. В 17 лет Пеле стал самым молодым чемпионом мира, в 21 — самым молодым двукратным чемпионом мира, в 29 — единственным на Земле трехкратным чемпионом мира. Практически в каждом матче он забивал гол и за 21 год своей футбольной карьеры забил 1 241 гол. Однако по этому показателю он уступает своему земляку Артуру Фреденрайху, на счету которого за 26 лет игры в бразильском чемпионате (с 1909 года по 1935 год) 1 329 мячей. Хотя хочется заметить, что если бы Пеле играл 26 лет вместо 21 года, то он бы побил рекорд Фреденрайха.

Много споров ведется и о том, откуда взялось прозвище Пеле, ведь настоящее имя футболиста — Эдсон Арантес до Насименто. Само слово «пеле» ничего не означает ни в португальском, ни в любом другом языке. Согласно одной из версий, во время матчей подростковых команд, когда Эдсон Арантес случайно касался мяча рукой, судья — турок по происхождению — произносил: «Пе-ле» (то есть «глупо»). По другой версии, Эдсон неправильно произносил имя известного в штате Минас-Жераис футболиста Беле. Нельзя полностью отвергать эти гипотезы, но большинство специалистов считает, что его знаменитое прозвище происходит от бразильского названия уличного футбола — «пелада», которым Эдсон фанатично увлекался уже в девятилетнем возрасте.

Хотя в Бразилии об этом особо не задумываются, сам Пеле пишет так: «Я иногда подозреваю, что прозвища, особенно короткие, возникли или не без влияния наших радиокомментаторов, или же придуманы ими. Бразильский комментатор, рассказывающий о важном футбольном матче, производит впечатление пулемета, стреляющего истеричны ми очередями. Ему, конечно, очень помогает, если игроков зовут Пеле, Диди, Вава, Пепе. Я не могу представить себе радиокомментатора, ко-

торый в своем репортаже произнес бы набор типичных бразильских имен: «Эдсон Арантес до Насименто получает мяч от Себастьяна да Силва Тенорио Тейшейра Араужу и передает его Валдемару Жоао Мендес де Мораис Фильо, который обыгрывает Артура Рибейру Карвальо Жозе Брито и проталкивает мяч Рую Морейре Акасио Гимараенсу, а тот бьет головой...» Прежге чем он успеет рассказать об одном игровом эпизоде, пройдет добрая половина матча». В этом с Пеле трудно не согласиться. К слову сказать, родители всю жизнь называют его Дико.

Ходят слухи о том, что Пеле иногда грешит в смысле злоупотребления алкоголем. Непонятно, откуда берутся такие сведения, однако они периодически проскальзывают в прессе. Конечно, это не так. От первой и последней в его жизни бутылки вина 14-летнему Эдсону стало очень плохо, а после трепки отца — еще хуже. С того времени он смотреть не может на спиртные напитки. К тому же ему и его друзьям по подростковой команде очень повезло, когда тренировать их приехал бывший игрок сборной Бразилии В. до Брито. Этот человек был ярым противником алкоголя и за малейшее употребление оного выгонял из команды.

Круговая дистанция

Считается, что дистанция парусных гонок прокладывается вдоль прибрежной полосы или по рекам с использованием в качестве поворотных знаков островков, плавучих маяков и т.п., в общем, по прямой. Так, собственно, оно и было до 1948 года. Однако сейчас в парусных гонках используется только так называемая круговая дистанция. Она была введена на XIV Олимпийских играх и с тех пор прочно закрепилась. Протяженность круговой дистанции — от 1,5 до 2,5 морской мили. Ставят 8 вех: на севере, северо-востоке, востоке и т.д. Дистанция гонки в зависимости от направления ветра назначается так, что яхты стартуют от подветренного знака, а финишируют у наветренного. Состязание, как правило, проводится недалеко от берега. Таким образом, место соревнований находится в зоне действия бриза (ветра, дующего днем с моря на берег), морских течений, наиболее заметных в прибрежной полосе, или течений от стока речных вод. Поэтому каждая круговая дистанция обладает своими секретами.

Кто самый богатый?

Времена, когда спортсмены получали за свои выступления кубки, грамоты и дружеское похлопывание по плечу, давно прошли. По крайней мере, на Западе. Гонорары, которые выплачивают известным спортсменам за участие в соревнованиях и рекламных акциях, поистине баснословны. Все знают, что за бой Майк Тайсон, например, получал в среднем 20 миллионов долларов. Но почему-то считается, что одни из самых высокооплачиваемых спортсменов в мире — это футболисты. На самом деле это далеко не так. Американский журнал «Forbes» в своем списке самых богатых спортсменов мира опубликовал перечень их усредненных доходов от рекламы в год. На первой строчке расположился действующий чемпион мира в гонках класса «Формула-1» Михаэль Шумахер (Германия). Его средний годовой доход составляет 59 миллионов долларов. На втором месте — темнокожий игрок в гольф Тайгер Вудс из США (53 миллиона). На третьем — скандально известный Железный Майк (Тайсон), экс-чемпион мира среди боксеров-профессионалов (США, 48 миллионов). Ниже расположились (доходы в долларах):

4. Майкл Джордан (баскетбол, США, 37 миллионов).
5. Грант Хилл (баскетбол, США, 26 миллионов).
6. Дэйл Эрнхардт (автогонки, США, 24,5 миллиона).
7. Шакил О'Нил (баскетбол, США, 24 миллиона).
8. Леннокс Льюис (бокс, Англия, 23 миллиона).
9. Оскар де ла Хойя (бокс, США, 22 миллиона).
10. Кевин Гарнет (баскетбол, США, 20 миллионов).

Среди женщин самой богатой признана швейцарская теннисистка Мартина Хингис, первая ракетка мирового рейтинг-листа. Она зарабатывает в среднем 11 миллионов долларов в год и занимает в общем списке (среди мужчин и женщин) 22 строчку. Чуть ниже расположились ь еще четыре теннисистки: Анна Курникова (Россия, 10 миллионов долларов), Винус Уильямс (США, 10 миллионов долларов), Серена Уильямс (США, 7,5 миллиона долларов) и Линдсей Дэвенпорт (США, 6 миллионов долларов).

Как видно, ни одного футболиста в этом списке нет. Хотя это вовсе не означает, что они мало зарабатывают. Журнал «France Football» опубликовал список самых высокооплачиваемых футболистов в мире. Лидирует здесь бывший полузащитник «Ювентуса» Зинедин Зидан, зарабатывающий 8,1 миллиона фунтов стерлингов в год. Из них 3 миллиона фунтов составляет его зарплата по контракту с клубом, 600 тысяч — бонусы, 4,5 миллиона — доходы из других источников. Второе ме-

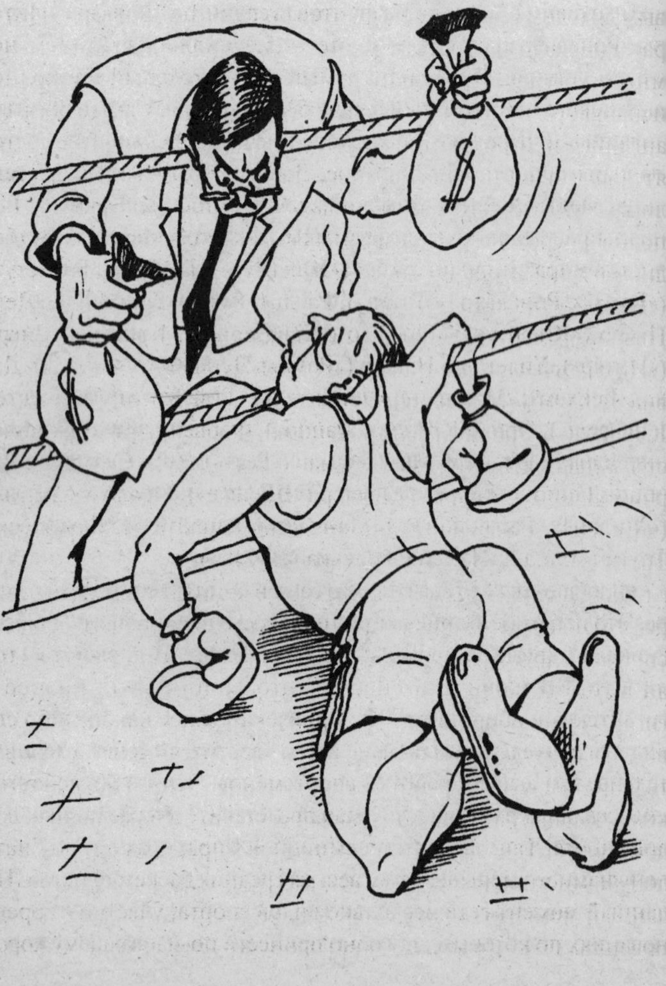

сто занимает нападающий «Ромы» Габриэль Батистута с годовым доходом 6 миллионов фунтов стерлингов. Форвард «Интера» Рональдо на третьем месте — 5,2 миллиона. Совсем немного уступает бразильцу самый состоятельный футболист испанского чемпионата Рауль — 5,1 миллиона. Самый богатый английский игрок, который, кстати, считается наиболее состоятельным спортсменом в мире, Дэвид Бекхэм занимает всего лишь десятое место в этом списке — 2,4 миллиона фунтов. Вот полный перечень двадцати самых высокооплачиваемых футболистов мира: Зинедин Зидан («Ювентус»), Габриэль Батистута («Рома»), Рональдо («Интер»), Рауль («Реал»), Алессандро Дель Пьеро («Ювентус»), Ривалдо («Барселона»), Кристиан Виери («Интер»), Хидетоши Наката («Рома»), Луиш Фигу («Реал»), Дэвид Бекхэм («Манчестер Юнайтед»), Рой Кин («Манчестер Юнайтед»), Эрнан Креспо («Лацио»), Фабьен Бартез («Манчестер Юнайтед»), Стив Макманаман («Реал»), Хуан Себастьян Верон («Лацио»), Андреас Меллер («Шальке»), Паоло Мальдини («Милан»), Райан Гиггз («Манчестер Юнайтед»), Франческо Тотти («Рома»), Николя Анелька («ПСЖ»).

Вообще, тяжело сказать, кто самый богатый спортсмен в мире. Это почетное звание постоянно переходит от одного профессионала к другому, а суммы, зарабатываемые ими, растут из года в год. В наши дни спорт — это прибыльный бизнес с гигантскими оборотами. Чем привлекательнее какой-либо его вид для зрителей, тем больше в нем «вертится» денег, следовательно, тем выше заработки спортсменов. Этим и объясняется колоссальная разница в доходах представителей различных видов спорта. Так, заработки чемпионов мира, скажем, по биатлону намного меньше, чем у весьма средних баскетболистов. На данный момент есть несколько видов спорта, участие в соревнованиях по которым способно принести по-настоящему хорошие деньги. Это бокс, футбол, хоккей, баскетбол, большой теннис, бейсбол, автогонки, гольф. Список, конечно, неполный, но самые большие доходы именно здесь.

Заработки спортсменов складываются из нескольких компонентов: во-первых, собственно зарплата; во-вторых, призовые, получаемые за победы; в-третьих, деньги от разного рода рекламной деятельности. Соотношение между ними может быть очень разным. У футболистов и хоккеистов основной источник доходов — зарплата. Боксеры и теннисисты получают деньги за одержанные победы. А вот прибыль от рекламы не поддается какой-либо стандартизации. Здесь на первый план нередко выходят не спортивные достижения, а скандальная известность, внешняя привлекательность или, наконец, готовность сняться в полуобнаженном виде. Так, например, известная российская теннисистка Анна Курникова, которая пока не выиграла ни одного мало-мальски серьезного турнира, зарабатывает намного больше, чем Мари Пьерс, победительница открытого чемпионата Франции. А бокс? Деньги в нем крутятся просто невероятные. Суммы призовых фондов зависят от класса боксеров и масштабов матча. Они могут составлять и несколько тысяч, и десятки миллионов долларов. Сами же спортсмены, как правило, никакого участия в финансовом дележе не принимают и вынуждены полностью полагаться на порядочность своих промоутеров. Чтобы пробиться в боксерскую элиту, представителям второго и третьего эшелонов зачастую приходится соглашаться на кабальные условия контрактов и получать от 200 до 5 000 долларов за бой.

С развитием кабельного телевидения в профессиональном боксе стали крутиться поистине астрономические суммы, ведь платный просмотр важнейших матчей по кабельному каналу приносит баснословные доходы владельцам телекомпа-

...ий, имеющих эксклюзивные права на показ боксерских боев. Самый большой интерес зрителей и спонсоров вызывают чемпионские бои. Конечно, десятки организаций проводят бои с присвоением титула чемпиона мира. Реальная цена такого чемпионства отражается в размере призового фонда: он намного ниже, чем, например, в рейтинговом бою WBC или WBA. Обладание высшими титулами четырех крупнейших и наиболее богатых боксерских организаций (WBA, WBC, WBO и IBF) гарантирует спортсменам огромные гонорары за поединки. В борьбе за титул чемпиона мира это суммы от сотен тысяч до десятков миллионов долларов в зависимости от весовой категории боксеров. Результат боя не влияет на размер вознаграждения, и чемпион при любом исходе получает гораздо больше денег. По правилам WBC, например, действующий чемпион получает 75 %, если бой проводится на его родине, и 80 % — если в стране его соперника.

Так, абсолютный чемпион мира Джеймс Дуглас, проигравший бой осенью 1990 года Эвандеру Холифилду, получил 24 миллиона долларов, а победитель — 8 миллионов. В списке самых богатых спортсменов мира долгое время лидировал Майк Тайсон, заработавший на ринге около 140 миллионов долларов. Железный Майк, несмотря на скандальную репутацию, по-прежнему остается одним из самых высокооплачиваемых боксеров мира. С 1987 года его ежегодный доход (в перерывах между тюремными отсидками) составлял не менее 30 миллионов долларов. За 14 мин поединка с Ботой в январе 1999 года Тайсон получил 20 миллионов долларов, а за 3 мин боя с Норрисом — 8,7 миллиона долларов. Неплохо зарабатывает и Оскар де ла Хойя, который не выходит на ринг меньше чем за 10—20 миллионов долларов. Но все рекорды по заработкам побил Эвандер Холифилд, сколотивший за десятилетнюю карьеру состояние, равное приблизительно 200 миллионам долларов.

В общем, известным спортсменом быть не так уж и плохо.

Курникова и Кабаева

Часто известную гимнастку Алину Кабаеву сравнивают с не менее известной теннисисткой Анной Курниковой, причем Кабаеву называют «Курниковой в гимнастике», подразумевая то, что Алина так же красива и обладает такими же громкими титулами, как и Анна. Также считается, что дороги к успеху у обеих спортсменок очень похожи: обе из России и обе добились популярности. На самом деле называть Кабаеву «Курниковой в гимнастике» нельзя. То, что обе девушки красивы и постоянно бередят сердца мужской половины всего мира, — факт, не подлежащий сомнению. Но говорить о том, что их судьбы похожи, по меньшей мере, неправильно.

Если большинство спортсменов скажет вам, что всегда их мечтой было выйти на профессиональный уровень, то для Анны Курниковой теннис — это всего лишь хобби, которое со временем стало основной работой. Когда Анна впервые взяла в руки ракетку, у нее не было и мысли о том, чтобы стать № 1 в мировом рейтинге. Она ушла в профессиональный теннис без намерения снискать лавры знаменитости. Наибольших успехов она достигла на Уимблдоне в 1997 году. На травяных кортах старого английского клуба Анна стала второй теннисисткой в истории открытых чемпионатов, которой удалось в год своего дебюта дойти до полуфинала (первой была Крис Эверт в 1972 году). На пути к полуфиналу Курникова победила пятую ракетку мира Иву Майоли и Анку Хубер, стоящую на десятой позиции. Успешное выступление Анны заставило общественность заговорить о восхождении новой «звезды».

Однако большие деньги Анна зарабатывает отнюдь не спортом. Всем известны ее короткие теннисные юбочки и несколько эпатажное поведение. Именно благодаря этому Курникову заметили воротилы шоу-бизнеса, которые стали снимать ее в рекламах и видеоклипах, старательно эксплуатируя сексуальность. А в теннисном рейтинге Анна всего лишь четырнадцатая и, по всей видимости, первой стать не торопится.

Что касается Кабаевой, то у нее все было по-другому. Алина родилась в столице Узбекистана Ташкенте и с самого детства начала заниматься гимнастикой под руководством своего первого тренера Натальи Малкиной. Спорт в ее жизни всегда занимал и продолжает занимать первое место, и, конечно, это дает о себе знать: ныне Алина Кабаева — абсолютная чемпионка мира по гимнастике, что намного значительней достижений

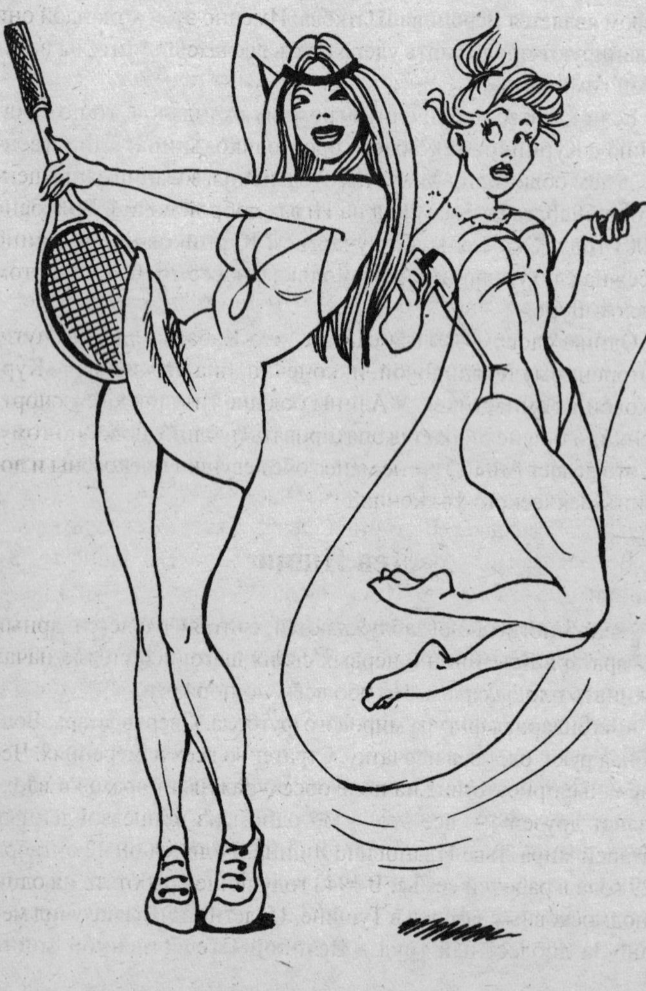

Курниковой. С 1993 года ее тренирует Ирина Винер, а хореографом является Вероника Шаткова. Именно этой командой они и планируют продолжать удерживать все высшие титулы в мировой гимнастике.

Если касаться количества громких скандалов, то по сравнению с Курниковой Кабаева просто школьница. Единственное, в чем обвинили Алину, так это в использовании запрещенного препарата фуросемида на Играх доброй воли в Брисбене в 2001 году. Скандалы же с участием Курниковой постоянно у всех на слуху, например размолвка с известным хоккеистом Павлом Буре.

Одним словом, нельзя сказать, что Кабаева идет по пути, проторенному Курниковой, и, конечно, она не является «Курниковой в гимнастике». У Алины больше титулов как у спортсменки, и она не старается эпатировать публику подобно тому, как это делает Анна. Тем не менее обе девушки прекрасны и достойны всяческого уважения.

Лев Яшин

Очень многие люди заблуждаются, считая, что легендарный вратарь Лев Яшин с первых своих шагов в футболе начал пожинать плоды славы. Но обо всем по порядку.

«Легендарная фигура мирового футбола. Сверхвратарь. Волшебная рука, одетая в перчатку. Стратег во всех измерениях. Человек, чье присутствие на поле обескураживает врагов и вдохновляет друзей» — все это — об одном из непревзойденных вратарей мира Льве Ивановиче Яшине. Родился он 22 октября 1929 года в рабочей семье. В 1943 году пошел работать на один из подмосковных заводов в Тушине. 15-летний Лева получил медаль «За доблестный труд в Великой Отечественной войне

1941—1945 гг.». В это же время он начал играть в футбол. Когда в марте 1950 года команда «Динамо» отправилась на учебно-тренировочный сбор в Гагру, в качестве третьего вратаря в состав был включен и Лев Яшин. Свои дебюты — игру со сталинградским «Трактором» и матч на первенство страны — он с треском провалил. После такого начала Яшин был отправлен в дубль всерьез и надолго. Там он доиграл этот и следующий сезоны.

В 1951—1952 годах Лев Иванович начал заниматься хоккеем на льду. Многие из тех, кто знает Яшина как блестящего футбольного вратаря, и представить себе не могут, что первые успехи пришли к нему именно в этом виде спорта, а не в футболе. Он стал мастером спорта, первые медали за призовые места в чемпионатах Союза — серебряную и бронзовую — и первый в жизни Кубок СССР выиграл в составе хоккейной команды. В 1954 году советским мастерам шайбы предстояло впервые выступить на чемпионате мира. Всесоюзная федерация составила список кандидатов в сборную. Среди них был и Яшин. Ему нужно было сделать окончательный выбор между хоккеем и футболом, и он предпочел последний.

8 октября 1954 года Яшин впервые сыграл в составе лучшей команды страны — «Динамо», и на этот раз его дебют удался. В Москве на динамовском стадионе сборная Швеции была разгромлена со счетом 7:0. После этого Лев Иванович 13 лет занимал вратарский пост № 1. В те годы за советскую сборную выступали многие талантливые мастера, но Яшин превзошел всех. Благодаря виртуозности его игры сборная завоевала золотые медали на Олимпийских играх в Мельбурне, первый Кубок Европы, серебряные медали чемпионата континента в 1964 году и бронзовые награды мирового первенства в Англии. После триумфа на Олимпийских играх в Мельбурне наших футболистов

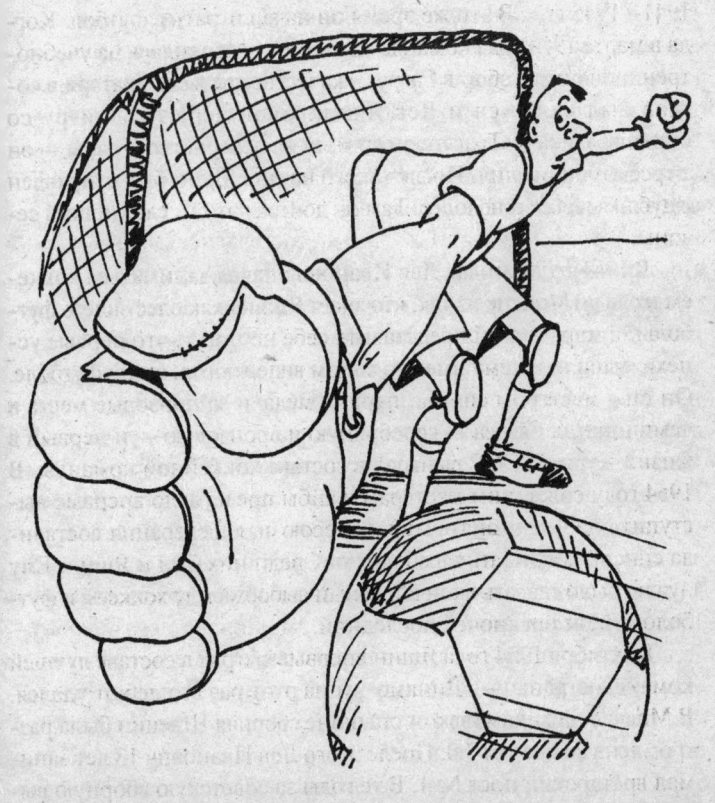

ожидали отборочные игры чемпионата мира. Этот этап был успешно пройден, и сборная отправилась на свой первый мировой чемпионат. После двух труднейших поединков с англичанами последовал выход в 1/4 финала. «Сухая» победа над австрийцами, достойный проигрыш со счетом 0:2 будущим чемпионам — бразильцам, в составе которых дебютировали

Пеле и Гарринча. В этих играх Яшин вновь заявил о себе как о вратаре международного класса. Нападающие и полузащитники наших соперников хватались за голову, когда на их пути вновь и вновь возникал «советский чудо-вратарь». Он доставал неберущиеся мячи, умел всегда оказаться в нужном месте, был спокоен, собран и непробиваем. Легендарный Пеле, встретившись с Яшиным, говорил впоследствии: «Нужно сказать, что защитники советской команды несколько растерялись, действуя против таких неуловимых, как Гарринча, Диди, Загало. В линии обороны то там, то здесь появлялись бреши. Но их, в прямом смысле этого слова, закрывал своим телом ваш вратарь. Он все время был в движении, выскакивая на перехваты идущих с разных сторон мячей. Он то взмывал в небо и доставал их своими длинными, цепкими руками, то нырял в густой частокол ног. Иными словами, от угла к углу штрафной площадки, от ограничивающей ее линии до лицевой и обратно действовал своеобразный «чистильщик», срывавший все наши попытки создать напряженность в зоне ворот... Вот почему, когда Вава за 15 мин до конца матча, использовав нерасторопность защитников, забил все-таки второй гол, мы восприняли это как необыкновенную радость...» Спустя годы Пеле еще не раз говорил о Яшине как об одном из наилучших голкиперов нашего времени, как о великом творце, привнесшем много нового и сложного во вратарское искусство.

Однако был в карьере Льва Яшина и такой период, когда ему, вратарю, которому предстояло блистать еще 9 лет, на какое-то время пришлось проститься с футболом. Это случилось через год после чемпионата мира в Чили, где советская команда проиграла аргентинцам. Тогда некомпетентный журналист объявил Яшина едва ли не единственным виновником поражения. Трудно поверить в то, что на первом же московском матче наш легендарный вратарь был освистан трибунами и этот оглушительный свист повторялся каждый раз, стоило мячу попасть в руки Яшина. Ничто не могло утолить жажду мщения трибун. Тяжело даже представить, что в эти моменты ощущал Лев Иванович. «Было грустно, обидно, горько. И мне и всем. Я не знал, какую еще роль сыграет этот неудавшийся матч с аргентинцами в моей судьбе. Я не знал, что в те минуты, когда мы, переживая поражение, молча сидели в раздевалке, принимали душ, переодевались, в Москву ушло сообщение: «В проигрыше виноват Яшин, пропустивший два легких мяча и тем самым обрекший команду на поражение». Его отослал один из пяти наших журналистов, бывших в Америке, человек далекий от спорта, но единственный, кто имел возможность передавать свои репортажи в Москву. Телевидение тогда еще передачи на далекие расстояния не вело, а очевидцы и кинокадры смогли восстановить истину значительно позже...» — так написал в книге «Счастье трудных побед» сам Лев Иванович Яшин.

И все же это не сломило его дух. Он вернулся в футбол, чтобы на стадионе «Уэмбли» в составе сборной мира показать игру, покорившую публику и всех специалистов. Яшин проводит блестящий сезон в составе московского «Динамо» в 1963 году, тогда же получает «Золотой мяч» — приз, ежегодно вручаемый лучшему футболисту Европы французским журналом «Франс футбол». В 1964 году советская сборная стала второй на чемпионате Европы. В 1966 году Яшин блистал на первенстве мира в Англии, где присутствовали представители следующего чемпионата, который должен был состояться в Мексике. Они установили приз лучшему голкиперу — Льву Яшину. В последний раз он играл за свою команду 27 мая 1972 года на переполненном стадионе в Лужниках и снова был лучшим.

Яшин не ушел из футбола: он работал начальником «Динамо», в спорткомитете. 27 июля 1985 года президент Международного олимпийского комитета Хуан Антонио Самаранч вручил Льву Ивановичу награду МОК — Серебряный знак Олимпийского ордена.

Лодки для гонок

Считается, что нынешний вид спортивных гоночных гребных судов обусловлен уровнем развития современных технологий и инженерного искусства XX века. В действительности форма гребных судов, равно как и гонки на них, имеет давнюю историю.

В начале XVIII века в Лондоне насчитывалось более 40 000 лодочников-профессионалов, которые носили специальную форму. В 1715 году состоялась первая организованная английским любителем гребли актером Томасом Доджетом гонка, которая впоследствии стала называться его именем. Это старейшее в мире состязание по гребле. Гонки между Оксфордом и Кэмбриджем, а также Хенлейская королевская регата в XIX веке положили начало академической гребле как виду спорта.

В России гребля также начала развиваться в XVIII веке. С 1742 года в Петербурге и Москве большой интерес вызывали гонки «краснорубашечников» — лодочников- перевозчиков «рабочего люда и товаров». Стандартные гребные лодки того времени были мало приспособлены для участия в спортивных соревнованиях и нуждались в увеличении скорости, в связи с чем стали появляться различные новшества. Сначала это были широкие сидения, смазанные салом, по которым гребцы, одетые в кожаные штаны, легко скользили, сгибая ноги. В 1830 году впервые использовали выносные уключины, в 1857 году появляются подвижные банки, а в 1904 году — металлические уключины с колковыми вертлюгами, замененными впоследствии на вращающиеся. Таким образом, к началу XX века гребные лодки имели вполне современный вид.

Ломоносов или Кубертен?

Считается, что именно французскому общественному деятелю Пьеру де Кубертену первому пришла в голову идея возрождения Олимпийских игр. С этим можно поспорить. Оказывается, еще великий русский поэт и ученый Михаил Васильевич Ломоносов создал и разработал подобный проект.

Благодаря развитию экономики в Российской империи в конце XVIII века начался подъем общей культуры русского народа, а это, в свою очередь, имело существенное значение для развития теории и практики физического воспитания как неотъемлемой части формирования всесторонне развитой личности. Именно в это время в архивах М.В. Ломоносова, как свидетельствует журнал «Спорт для всех», был найден документ, в котором он изложил свою идею, наряду с проблемами развития экономики страны и улучшения жизни народа, разработал программу возрождения Олимпийских игр. Великий русский ученый считал все это важнейшей и неотложной задачей в деле воспитания стойкости, мужества, и патриотизма. И благодаря идеям Михаила Васильевича императрица Екатерина II издала указ о проведении в 1766 году Петербургских олимпийских игр — своеобразного празднества, в программе которого, помимо аттракционов и всяческих развлечений, были состязания всадников, борцов, кулачные бои. В Эрмитаже до сих пор хранятся медали, которые вручали победителям этих соревнований, с надписью: «С Алфеевых на Невские брега».

Любители и профессионалы

Разницу между понятиями «спортсмен-любитель» и «профессиональный спортсмен» обычно трактуют очень просто: профессионал — спортсмен, получающий деньги за свои выступления, любитель — спортсмен, не получающих таковых. Однако так категорично давать определения нельзя. Дело обстоит намного сложнее.

Само понятие «любитель» появилось в английском спорте в первой половине XIX века. В Британской энциклопедии указано: «Первоначальное определение слова означает того, кто участвует в любом виде искусства, ремесла, игры, спорта или другой деятельности исключительно для удовольствия и развлечения». Вот почему тот, кто имел преимущество в силе или мастерстве, обусловленное профессией, не допускался к любительским соревнованиям. Например, считалось несправедливым участие в состязаниях любителей обычных рабочих, которые автоматически причислялись к рангу профессионалов, поскольку считалось, что они обладают большой физической силой и выносливостью.

Впервые понятия «любитель» и «профессионал» были упомянуты в ходе соревнований по гребле в Оксфорде в 1823 году. В составе одной из команд был некий Стефан Дэвис — лодочник по профессии, которому запретили участвовать в состязаниях. Идея любительского спорта не имеет ничего общего с Олимпийскими играми Древней Греции. Известнейших греческих спортсменов материально обеспечивали власти городов, в которых знаменитости жили. Они освобождались от уплаты налогов, получали бесплатное питание, дорогие подарки, большие денежные призы, позволявшие им безбедно существовать в течение многих лет. Значительные доходы олимпийцев древности никогда не назывались «вознаграждением» или «жалованием». Использовались такие нейтральные термины, как «призы», «подарки» и т. п. Считалось, что спортсмены превыше всего ценят само участие в соревнованиях, а не те деньги, которые могут при этом заработать.

При определении статуса спортсмена-любителя в начале XIX века денежные вознаграждения в расчет не принимались. В 1831 году, например, гребные команды Оксфорда выступали на Хенлейской регате на пари в 200 фунтов стерлингов, не боясь потерять статус любителя.

В Англии он определялся не по факту получения спортсменом денег, а по его социальному положению. Все любители называли себя «джентльменами». Обычно это были люди высшего сословия, рассматривавшие денежный приз как награду, а не как средство к существованию.

В «Новой энциклопедии спорта», вышедшей в США в 1978 году, написано: «В первой половине XIX века различие между любителем и профессионалом в Англии носило, главным образом, классовый характер». А в хартии Любительского спортивного союза Англии 1886 года сказано: «Любитель — это любой джентльмен, который никогда не участвовал в открытом состязании ни за денежное вознаграждение, ни за призы вместе с профессионалами и который никогда за всю жизнь не работал учителем или инструктором физического воспитания для извлечения средств к существованию, а также не был механиком, ремесленником или чернорабочим».

Отсюда можно сделать вывод: уже в прошлом веке запрещалось получение денег любителями. Однако в этой формулировке явно прослеживается элитарно-классовый и дискриминационный характер. Во второй половине XIX века Англия считалась «законодательницей мод» в спорте. И поэтому Пьер де Кубертен, выдвигая идею возрождения Олимпийских игр, не мог не считаться с требованием английских спортивных деятелей о признании любительства в качестве основного принципа зарождающегося олимпийского движения. Но если английский джентльмен видел в любительстве средство отделения себя от рабочего, профессионала, то Кубертен видел в этой концепции нечто большее — средство защиты моральной чистоты спорта.

Официально МОК в 1894 году определил понятие «любитель» следующим образом: «Любителем в спорте считается любой человек, который никогда не участвовал в соревнованиях, открытых для всех желающих, или соревновался за денежный приз или деньги из какого-либо другого источника, или состязался с профессионалами и который никогда в своей жизни не был оплачиваемым преподавателем или инструктором физического воспитания». Оговаривалось также, что участник Игр не может быть любителем в одном виде спорта и профессионалом в другом. Однако это определение было негативно воспринято спортивными функционерами разных стран, самими спортсменами и болельщиками. Американский историк спорта Билл Генри в летописи Олимпийских игр приводит любопытный факт: «Когда в Афинах американцы начали выигрывать один забег за другим, кто-то из греческой публики, видя их превосходство и понимая, что это больше результат тренировки, а не природных данных, поднял крик: "Профессионалы!"».

Более или менее точно охарактеризовал понятие «любитель» в 1911 году англичанин Р. де Корси Лаффен: «Любой человек может соревноваться на Олимпийских играх как любитель, если он никогда:

1) не участвовал в соревнованиях на денежный приз, деньги или другое пари;

2) не награждался деньгами или любого рода денежной помощью за участие в соревнованиях (оговаривалось, что за возмещение расходов по участию в соревнованиях спортсмен не терял любительского статуса);

3) не получал никакой премии за потерянное на соревнованиях время;

4) не продавал и не закладывал свой приз, выигранный в соревнованиях».

До сих пор определение понятий «любитель» и «профессионал» является одним из самых важных среди вопросов, постоянно обсуждаемых Международным олимпийским комитетом.

Майк Тайсон

Нет такого любителя спорта, которому не было бы известно это имя. Неординарная личность и великий боксер, доказавший всему миру свое превосходство. Жизнь его постоянно освещается различными средствами массовой информации, и, казалось бы, никаких неясных фактов в его биографии не существует. Однако журналисты часто перевирают имеющуюся у них информацию, и из-за этого возникает масса мифов и заблуждений. Некоторые из них мы рассмотрим.

Считается, что Железный Майк рано стал сиротой и вырос в приюте. На самом деле это не совсем верно. Да, действительно, сиротой он стал рано, но в приюте не жил никогда. Исправительно-трудовые колонии, в которые он иногда попадал за хулиганство, не в счет. Отца своего, алкоголика Пасела Тайсона, Майк не знал, а когда мальчику исполнилось 15 лет, от рака умерла его мать Лорна. Опекунство над Майком оформил замечательный тренер Константин д'Амато, воспитавший до этого абсолютного чемпиона мира Флойда Паттерсона и чемпиона мира Хоссе Торреса. Он заменил юному Тайсону семью, старался оградить его от необдуманных поступков и тренировал в своем спортивном зале.

Многие люди, зная о том, что Майк — супертяжеловес, представляют его себе громилой выше 190 см и весом около 120 кг. В действительности размеры Майка достаточно скромны для тяжеловеса. Вот его официальные параметры: рост — 180 см, вес — 98 кг. Но в этом относительно небольшом для тяжеловеса теле таится невероятная мощь, благодаря которой Тайсон продолжает побеждать противников намного крупнее себя.

Многие уверены, что он завоевал все возможные боксерские титулы, включая звание олимпийского чемпиона. Но это заблуждение.

Да, действительно, титулы Майка впечатляют. Абсолютный чемпион мира в тяжелом весе в 1987—1990 годах, чемпион мира в тяжелом весе по версии WBC в 1986—1990, 1996 годах, чемпион мира в тяжелом весе по версии WBA в 1996 году. Но олимпийским чемпионом Тайсон так и не стал. Единственная возможность выступить на этих соревнованиях была у него в 1984 году, но руководство любительского бокса запретило Майку принять в них участие, особо не объясняя причин.

На любительском ринге Тайсон своей грубой манерой ведения боя, несокрушимой мощью и великолепными нокаутами восхищал публику, чего нельзя было сказать о руководстве любительского бокса, которое возмущалось его «неспортивной» жесткостью на ринге. В их глазах он выглядел уличным драчуном и хулиганом, не признающим правил классического бокса — этого джентльменского искусства самообороны. Майк всегда ставил себе целью нокаутировать соперника, что ему нередко удавалось. Болельщики неистовствовали, когда его более слабые жертвы падали на ринг как подкошенные. И, видимо, именно из-за этого Тайсону не нашлось места в олимпийской сборной США 1984 года.

Слабо разбирающиеся в боксе люди думают, что Майк не проиграл ни одного боя. Они ошибаются. Долгое время Майк не знал поражений, все его противники, независимо от опыта, ранга и физической силы, были повержены мощнейшими ударами Тайсона. Он становился все более уверенным в себе, и наконец эта уверенность перешла в излишнее самомнение. Он был просто не готов к поражению. Катастрофа грянула 10 февраля 1990 года на ринге в Токио. Матч Тайсона с Джеймсом Дугласом воспринимался как проходной, то есть практически ничего не значащий. Претендент был выше Тайсона на голову, весил сто с лишним килограммов, а его подвижности мог позавидовать иной легковес. Поэтому натиску Майка он противопоставил постоянное движение, страхуясь еще и встречными боковыми ударами правой рукой. Нелишне взять во внимание и такое обстоятельство: Майк шел на этот бой с присущей ему самоуверенностью, и он, в отличие от Джеймса, не был готов к тяжелой кровопролитной схватке. Это, пожалуй, и стало решающим. В десятом раунде Джеймс нанес сильнейший удар правой рукой, и Тайсон стал беззащитен. Он шатался и не мог даже закрыться перчатками. Его голова моталась от постоянных жестких ударов. Наконец Дуглас ударил его открытую челюсть апперкотом, и Майк Тайсон впервые в жизни оказался на полу — зрелище еще какие-то полчаса назад немыслимое.

Это поражение ошеломило Тайсона. Первое время он даже не появлялся в тренировочном зале, но постепенно стал приходить в себя и вновь одерживать победы. Через несколько лет Тайсон провел свой знаменитый поединок с Эвандером Холифилдом, в котором из-за запрещенного приема — укуса за ухо — его дисквалифицировали и присудили поражение. Трудно сказать, кто вел себя более неспортивно: Холифилд, который постоянно «бодал» Майка головой в бровь, благодаря чему у того впервые в жизни появилось рассечение, или Тайсон, доведенный до белого каления «боданием» Холифилда и укусивший его за ухо. Как бы то ни было, победу присудили Эвандеру. Кто знает, может, это был необычный рекламный трюк, подсказанный Тайсону его тогдашним промоутером Доном Кингом, или Майк на самом деле стал неуравновешенным, но это случилось, и с тех пор психика Майка неуклонно катится вниз, к большому сожалению всех его поклонников.

Майка Тайсона иногда называют самым богатым спортсменом мира исходя из того, что его гонорары за один бой уже давно превысили двадцатимиллионную отметку. В действительности это далеко не так. Когда-то Майк на самом деле входил в шестерку богатейших спортсменов мира, наряду с такими «звездами», как Майкл Джордан, Михаэль Шумахер, Шакил О'Нил и др. Но на первом месте практически постоянно держался непримиримый противник Майка — Эвандер Холифилд, чье состояние составляет 150 миллионов долларов. А у Тайсона из-за постоянных отсидок в тюрьме, различных штрафов и исков, ему предъявляемых, гонорары расходятся необыкновенно быстро. Тем более что бывший промоутер Майка, все тот же Дон Кинг, ловко обворовал боксера грабительскими условиями контракта.

Одним словом, дела Железного Майка в последнее время идут не очень хорошо. Стоит только надеяться на лучшее и пожелать этому великому спортсмену не продолжать деградировать, а взять себя в руки и достойно завершить свою боксерскую карьеру.

Маленькая «Формула-1»

Существует мнение, что «Формула-1» — это гонки самых мощных спортивных машин в мире. На самом деле это не так.

С 1961 года по 1965 год в состязаниях принимали участие автомобили с максимальным объемом двигателя 1 500 куб. см (минимальный — 1 300 куб. см) и наддув был запрещен. Минимальный вес машины с водой и маслом, но без топлива составлял 450 кг. Обязательным было применение только коммерческого (стандартного) топлива и дуги безопасности над головой пилота. Разве данное описание подходит к самому мощному, даже для того времени, автомобилю? Конечно, нет! Даже за шесть лет до того на трассе соревновались машины с объемом двигателя 2 500 куб. см без компрессора или 750 куб. см с компрессором, причем полностью отсутствовал весовой лимит. Таким образом, и неспециалисту видно, что эти машины были мощнее, чем в «Формуле-1». После серии аварий на автогонках в конце 50-х годов в FIA избрали самый простой способ сделать соревнования безопаснее: для снижения скорости машин на трассе уменьшить объем двигателя. Так и появилась «Формула-1», где соревновались автомобили с объемом двигателя 1,5 л. Спортивная комиссия FIA еще в конце 1958 года объявила о ее введении. Она базировалась на действовавшей в 1957—1960 годах «Формуле-2». Что это дало состязаниям? Англичане потеряли лидерство, принадлежавшее им в «Формуле-1», где соревновались машины с объемом двигателя 2,5 л. Двигатель, которым они могли оснастить свои машины («Ковентри-Клаймакс-В8» для Ф-2 мощностью 150 л.с.), уступал и «Ferrari», и «Porsche», также пришедшему из Ф-2.

Инженеры «Ferrari» успели подготовить новую машину с задним размещением двигателя на основе «Ferrari-156» для Ф-2 с 8-цилиндровым мотором мощностью 180 л.с. Представляете, Энцо Феррари долго сопротивлялся изготовлению заднеприводного автомобиля, мотивируя это тем, что «лошадь тянет телегу, а не толкает ее». Но прекрасно ездившие зачинатели «заднемоторной революции» «Cooper» и «Lotus» стали решающим аргументом инженеров «Scuderia» в споре со своим шефом. Первую гонку машин, объем двигателя которых равен 1,5 л — Гран-при Монако 1961 года, — выиграл «Lotus», ну а все оставшиеся гонки сезона превратились в парад пилотов «Ferrari». Были заезды, когда три «красных» пилота — американец Фил Хилл, немец Вольфганг фон Трипс и Ричи Гинтер, тест-пилот «Ferrari», — занимали весь пьедестал. Однако в Монце Трипс и Джим Кларк на «Lotus» столкнулись колесами, в результате чего «Ferrari» взмыла вверх и, перелетев через заградительный барьер, погребла под своими обломками самого Трипса и 14 зрителей. В следующем сезоне впервые с 1957 года «Scuderia» осталась без побед, более того, покинули свои посты ведущий конструктор и спортивный директор. Британские команды получили новые моторы «Клаймакс-В8» и «BRM» мощностью 190 л.с., и с превосходством «Ferrari» было покончено.

В первых четырех гонках чемпионата 1962 года победили четыре разных пилота на 4 разных машинах — Грэм Хилл на «BRM», Брюс Мак-Ларен на «Cooper», Джим Кларк на «Lotus» и Дэн Герни на «Porsche». Чемпион определился в конце сезона в южноафриканском Ист-Лондоне. Из-за утечки масла Кларк сошел с дистанции за 20 кругов до финиша, и победил Грэм Хилл на «BRM». В сезоне-62 в «Формуле-1» появились новые имена и названия. Джек Брэбхэм впервые вывел на старт машину своей команды — спроектированный Роном Торанаком «Brabham-BT3». Но настоящей сенсацией стал «Lotus-25» с несущим кузовом-монококом. До этого технология создания шасси гоночного автомобиля принципиально не менялась с 20-х годов. Шасси, в том числе и болидов Ф-1, делали в виде пространственной рамы из стальных труб. Чэпмен и главный конструктор Лен Терри на «Lotus-25» применили конструкцию из легких алюминиевых поперечин, соединенных приклепанными листами из дюралюминия толщиной 1,62 мм. Шасси оказалось легче и прочнсе. Чэпмен не был изобретателем монокока, в авиа- и автостроении последний уже использовался. Его заслуга заключалась в том, что он вовремя реанимировал старую идею, так же как и идею переноса мотора назад, воплощенную им в «Lotus-18». В 1962 году «Lotus-25» еще страдал от «детских болезней», но в следующем сезоне комбинация «Джим Кларк и «Lotus-25»» была вне конкуренции. Кларк выиграл рекордные, по тем временам, 7 гонок из 10. Техническая революция началась: в 1963 году появились «BRM» и «Ferrari» с шасси типа «полумонокок», то есть средняя часть шасси «BRM-P61» и «Ferrari-158» была сделана в виде монокока, к которому крепились передняя и задняя трубчатые секции. В «Ferrari» параллельно строили сразу две новые машины на одном и том же шасси типа «полумонокок», но с разными моторами. В 1964 году «Scuderia» выпустила «Ferrari-158» с двигателем V8 мощностью 210 л.с. В последнем сезоне «Формулы-1» (двигатель 1,5 л) в 1965 года ездила «Ferrari-1512» с 12-цилиндровым двигателем мощностью 220 л.с. Кроме машин, в «Scuderia» появился новый гонщик Джон Сертиз, бывший чемпион мира по мотогонкам.

Во второй половине сезона-64 настало время «Ferrari». В драматичном финале чемпионата в Мехико «Lotus» подвел Кларка и шотландец выбыл из гонки, лишившись чемпионского титула на заключительном круге последнего Гран-при сезона. Сертиз выиграл чемпионат с преимуществом всего в 1 очко и стал единственным пилотом в истории, завоевавшим самые престижные трофеи в мото- и автогонках.

1965 год стал последним сезоном самой маленькой в истории «Формулы-1». Большинство команд просто «доезжало» сезон на старых моделях в ожидании нового технического регламента. Но команда Колина Чэпмена усовершенствовала машину, и «Lotus-33» уже не подводил Джима Кларка. Шотландец выиграл 6 из 7 первых Гран-при и за три круга до конца сезона досрочно завоевал свой второй чемпионский титул. Несмотря на то что имя победителя было известно, завершающие гонки сезона-65 не были скучными и однообразными. В Монце Кларк, Сертиз, Грэм Хилл и Стюарт сменяли друг друга в лидерстве рекордные 42 раза! Кстати, в последней гонке автомобилей «Формула-1» с объемом двигателя 1,5 л — в Гран-при Мексики — Ричи Гинтер завоевал первую победу в Ф-1 япон-ской компании «Honda» и американским производителям шин из «Goodyear».

Как ни странно, именно за те пять лет, что царствовала «Формула-1», где соревновались машины с объемом двигателя 1,5 л, гонки Гран-при окончательно превратились в самый профессиональный и престижный вид автомобильного спорта. Затем наступила новая эра «монстров». С 1966 года действует другой регламент: объем двигателя 1 500 куб. см с компрессором или 3 000 куб. см без компрессора; минимальный вес 500 кг без топлива, но с водой и маслом.

«Малый флот»

Все мы знаем о том, что есть люди, занимающиеся изготовлением моделей различных видов кораблей. Большинство из нас считает это просто забавой, в лучшем случае искусством, но никак не спортом. Казалось бы, действительно: как можно соревноваться на игрушечных судах? Однако это самый настоящий спорт. Его название — «судомодельный».

Постройка моделей судов — очень древнее искусство. На местах стоянок первобытного человека археологи постоянно находят примитивные макеты лодок, которые кроме игровой выполняли, безусловно, и религиозно-мистическую функцию. При раскопках Ура на юге Месопотамии в 1929 году ученые нашли серебряный макет судна, изготовленный в IV тысячелетии до н. э. Имеющий длину 65 см, с веслами, лопастями и четырьмя сиденьями для гребцов, он был положен в гробницу, что свидетельствует о его культовом предназначении: по верованиям народов Двуречья, это должно облегчить мертвому переход от земного существования к потустороннему.

В Древнем Египте изготовление моделей судов также имело культовый характер, поскольку египтяне верили, что после смерти человека его душа переплывает мифическую реку Абиалус. Именно поэтому среди предметов, положенных в гробницы, были и макеты лодок. В Долине царей и других местах при раскопках найдены многочисленные модели судов с находящимися на них фигурками людей — это символичные лодки мертвых с алтарем умершего посередине, или вотив-суда (суда-пожертвования). Роскошные изделия, в основном золотые или серебряные, находят в гробницах фараонов и знати, а модели, вырезанные из дерева, — в могилах бедного люда.

«Малый флот» был «популярен» и в Древней Греции, и в Южной Америке. В эпоху Великих географических открытий, когда с развитием науки и техники значительного прогресса достигло строительство судов, начинают совершенствоваться их модели, в том числе и вотив-суда, которые конструируются по расчетам и чертежам, копируя оригинал во всех деталях. В начале XVII века Финеас Петт, комиссар доков в Чатеме (Лондон), приступает к изготовлению первых макетов английских судов. В это же время сначала в Англии и Голландии, а затем во Франции и России стали конструировать модели, используемые в качестве опытных образцов на верфях. После проведения испытаний чертежи дорабатывались, а затем уже строился корабль.

Знаменитые русские кораблестроители А.А. Попов, П.А. Титов, А.П. Шершов и многие другие с раннего возраста увлекались изготовлением «малого флота» (кстати, термин ввел в обиход именно А.А. Попов). Позже, в XX веке, появились стендовые соревнования, в которых принимали участие и самоходные модели судов. Цель таких состязаний — оценить изящество макета и соответствие его чертежам и прототипу. При выведении окончательной оценки настольной модели учитываются сложность ее постройки, объем работы, полнота изображения, а также техническая грамотность изготовления.

В СССР руководство Осоавиахима обратило внимание на моделирование судов в середине 30-х годов XX века. Первое соревнование морских моделистов не заставило себя долго ждать. Оно было заочно проведено в июне—июле 1940 года. В состязании участвовали 233 макета. Вторые подобные соревнования предполагалось провести также заочно летом 1941 года, но помешала война. Это были первые попытки руководства Осоавиахима превратить судомоделизм в самостоятельный вид спорта.

Датой рождения судомодельного спорта в России можно считать август 1949 года, когда на водной станции «Динамо» в Москве ДОСФЛОТ СССР провел I Всесоюзные соревнования морских моделистов. С этого времени подобные состязания проводились ежегодно. В 1963 году судомоделизм включили в Единую спортивную классификацию, что способствовало быстрому улучшению качества подготовки спортсменов-разрядников и мастеров спорта. Для руководства была создана Федерация судомодельного спорта СССР, работа которой направлялась ЦК ДОСААФ СССР. В 1966 году Всесоюзная федерация судомодельного спорта стала членом Международной федерации судомодельного спорта — НАВИГА.

Михаэль Шумахер

Поклонники автогонок относятся к Михаэлю Шумахеру по-разному. Кто-то превозносит немца до небес, кто-то, напротив, ненавидит, некоторые рассматривают его как пример для подражания, другие переживают за него, как за члена семьи. Наверное, всех этих людей объединяет одно — чувство искреннего восхищения талантом Шумахера. Но широко распространено мнение, которое вводит в заблуждение множество людей. Считается, что Шумахер с самого детства был фанатично предан гонкам и не думал, что будет заниматься чем-то еще. На самом деле это не совсем так. Да, действительно, Михаэль с юного возраста ездил на машинах. Его отец Рольф всерьез увлекался автомобилями и решил привить эту любовь сыну. Он сделал из обычной газонокосилки карт, на котором и проехал свои первые метры четырехлетний Михаэль. Позже отец организовал собственный картинговый центр, и Михаэль был там самым молодым гонщиком. Рольф решил поставить в карт старый двигатель от мотоцикла, но его сын недолго наслаждался вождением этой машины: в конце концов он врезался в фонарный столб.

Годом позже, в возрасте пяти лет, Шумахер завоевал свой первый кубок. На тот момент он уже был счастливым обладателем настоящего карта, который собрал ему отец. Однако этот автомобиль был значительно хуже тех, на которых выступали другие. Кроме того, Михаэль оказался самым маленьким участником соревнований. Несмотря на это, ему удалось выиграть у более старших товарищей, показав по ходу свой великолепный талант. А в шесть лет Шумахер стал чемпионом картинг-клуба. В гонках ему вновь пришлось сражаться с более опытными соперниками, но тут уж он своего шанса не

упустил. Казалось бы, о чем еще мог мечтать мальчик, которого с раннего детства приучили к гонкам? Вот что по этому поводу говорит сам Михаэль: «Мой отец был каменщиком, мы жили довольно бедно. У меня было совершенно обычное детство, как и у любого мальчишки. Я очень любил играть с друзьями в футбол, а еще я занимался дзюдо и ездил на картах. Однажды, когда мне было одиннадцать, мне надо было выбрать: идти ли на соревнования по дзюдо или на картинговые гонки. Я выбрал дзюдо и оказался всего лишь третьим. Это было неверное решение, поэтому я проиграл. Автогонки были моим хобби. Даже потом, когда я стал заниматься ими всерьез, я никогда не мечтал о «Формуле-1». Только лет в двадцать я подумал: «А что? Может быть, у меня получится?»» Получилось у Михаэля более чем хорошо.

Мотоспорт

Среди любителей мотоспорта, то есть гонок на мотоциклах, широко распространено мнение, что первая в мире «гонка моторов» прошла в 1895 году по маршруту Париж—Бордо—Париж. На самом деле это не совсем так.

Чтобы понять, как происходили события в действительности, необходимо помнить: возникновение мотоспорта тесно связано с изобретением самого мотоцикла. Специалисты Историко-спортивного музея Российской государственной академии физической культуры по этому поводу пишут следующее: «1885 год признан годом создания мотоцикла. Тогда Готлиб Даймлер в Германии построил машину для верховой езды, представляющую собой велосипед массой 50 кг с деревянной рамой и ременной передачей, с одноцилиндровым бензиновым двигателем, рабочий объем которого достигал 264 куб. см, а мощность была равна 0,5 л.с., что позволило достигать скорости 12 км/ч. Первый мотоцикл в Англии сконструировал Э. Батлер в 1887 году, во Франции — Ф. Милле, а в Италии — Э. Бернарди в 1893 году. Эти модели были встречены обществом того времени с большим недоверием. Вместо ожидаемой поддержки изобретения конструкторы столкнулись со всяческими препятствиями. Сначала было дано разрешение на езду со скоростью 6 км/ч, затем — 12 км/ч. В 1895 году в Лондоне еще действовал закон, согласно которому механическому экипажу разрешалось передвижение по городу только в сопровождении впереди идущего человека (днем он держал флаг, а ночью — фонарь). Подобные ограничения задерживали, но не могли полностью прекратить дальнейшее развитие изобретения.

Вскоре появляются мотоциклы с различными источниками движущей силы: паровые, электрические, газовые и т.д. Однако широкого применения эти модели не получили. Начиная с 1987 года французская фирма «Де Дион Бутон», разработав конструкцию легкого и быстроходного (до 50 км/ч) трицикла, наладила серийное производство мотоциклов, быстро завоевавших популярность.

Следует сказать, что первоначально четкого различия между автомобилем и мотоциклом не было, поэтому до конца XIX века проходили общие соревнования «механических экипажей». Так, в 1894 году, то есть через 9 лет после изобретения первого мотоцикла и автомобиля, в Париже по инициативе редактора «Ле Пти Журналь» организуются первые состязания механических экипажей по маршруту Париж — Руан на дистанции 126 км. В соревнованиях могли принимать участие экипажи любых систем и конструкций с механическим приводом на колесах. Это были первые шаги современного автомотоспорта. Победителями этих соревнований стали механические повозки, средняя скорость которых составляла 20,5 км/ч — значительное достижение для того времени. О новом виде транспорта заговорили, написали в прессе — его признали.

Мотоциклетный спорт начал развиваться в конце XIX века после появления первых мотоциклов в странах-производителях. В начале XX века произошло окончательное разделение автомобилей (двухколейных) и мотоциклов (одноколейных, две колеи — у мотоциклов с коляской)».

Именно соревнования на маршруте Париж — Руан считаются первыми в истории мотоспорта, центром которого в конце XIX века была Франция. Старт наиболее значительных гонок давался в Париже, а финишировали спортсмены в городах Марсель, Амстердам, Берлин, Вена, Мадрид и других. В середине 80-х годов проводилось по одному соревнованию в год, а затем их число стало неудержимо возрастать. Особых успехов в этих гонках добились трициклы «Де Дион Бутон». В 1899 году в Вене состоялись первые официальные гонки так называемых «чистых» мотоциклов. Спустя 5 лет, 8 июля 1904 года, в чешском городе Пакове группа энтузиастов мотоспорта из нескольких стран основала Международную федерацию мотоциклетных клубов — ФИКМ. Создание ее было вызвано тем, что к этому времени обозначилась специфичность соревнований и установилась четкая терминология. Возникла необходимость в образовании единого международного органа. По инициативе этой организации стали проводиться состязания, в которых соревновались на выносливость и выдержку. Первые мотоциклетные гонки по гаревой дорожке, получившие статус ежегодных, состоялись в 1907 году в Южной Америке. В этом же году в Англии на острове Мэн провели гонки по кольцевой трассе (они пользовались огромной популярностью в начале XX века). Сочетание езды на мотоциклах по бездорожью со скоростью привело к возникновению мотокроссовых соревнований.

В 1908 году в Лондоне началась серия мотокроссов. Они представляли собой гонки по пересеченной местности, так называемые «погони за лисой», в которых кроме 13 мотоциклистов принимали участие и 16 всадников на лошадях. Тогда состязания между мотоциклом и конем заканчивались, как правило, не в пользу первого. В Великобритании в ходе соревнований преимущественно оценивалась надежность машины. Хотя подобные гонки и не считались международными, они быстро приобрели популярность, и число участников постоянно росло.

В 1912 году ФИКМ приняла решение о проведении первых ежегодных международных шестидневных соревнований — эндуро. Они состоялись в 1913 году в английском городе Карлисле, в них приняли участие 162 гонщика. С той поры эти соревнования проводятся регулярно и сегодня представляют собой нечто вроде командного чемпионата мира по мотоциклетному многоборью. По числу побед ведущее место в этих состязаниях занимают Великобритания и Чехословакия.

Однако популярность у зрителя завоевали гонки на подъемах. В этих кроссовых заездах, завоевавших наибольшую популярность в США и Великобритании, участвовали мотоциклы большой мощности, у которых в отличие от дорожных моделей имелось приспособление, препятствующее буксованию заднего колеса. Самым значительным из подобного рода соревнований до проведения чемпионатов мира являлся «Мотокросс наций», который был впервые проведен в 1947 году. Победила тогда команда Великобритании. Из года в год росла известность этих состязаний. В 1955 году по инициативе Международной мотоциклетной федерации — ФИМ (название было дано в 1949 году после реорганизации прежней ФИКМ) — состоялся, по сути, первый чемпионат Европы. В 1957 году был проведен первый чемпионат мира, который представлял собой серию соревнований, проходивших последовательно в девяти европейских странах. На каждом этапе разыгрывался и вручался победителю большой приз от той страны, на территории которой проводились состязания.

Мотоциклетные соревнования за время своего существования претерпели ряд изменений, которые являлись следствием технического прогресса, а также совершенствования техники езды. В первые десятилетия XX века считалось большим достижением преодоление мотоциклистами нескольких километров на своих в то время безрессорных машинах. В дальнейшем повышается их скорость, усложняется выбираемый маршрут. Основными видами соревнований, организуемых и проводимых в странах согласно спортивному календарю, являются шоссейно-кольцевые мотогонки, мотокроссы, мотогонки на ипподроме, на травяном треке, ледяной и гаревой дорожках, многодневные мотоциклетные соревнования (многоборье), моторалли (туристические слеты-соревнования), а также мотобол. Ежегодно проводятся чемпионаты мира и Европы по всем указанным разновидностям мотоспорта.

Первыми общественными организациями, начавшими пропагандировать мотоспорт в СССР, были Московский кружок конькобежцев и велосипедистов-любителей и Всесоюзное общество мотоциклистов в Петербурге. 14 июля 1918 года Московский кружок проводит первое дорожное соревнование по маршруту Москва — Клин — Москва. С этого момента начинается развитие мотоциклетного спорта не только в столицах, но и на периферии, где проводились местные соревнования. Выдающимся событием тех лет стала первая Всесоюзная рабочая спартакиада, которая была проведена в 1928 году. В ее программу были включены мотоциклетные соревнования. Все участники выступали только на мотоциклах иностранных марок. На спартакиаде был установлен 61 рекорд по мотоспорту, несмотря на то что гонки проходили по булыжнику и во время пробега приходилось по 10—15 раз клеить и менять камеры, устранять механические повреждения. В 1920 году на беговом ипподроме в Москве было проведено первенство РСФСР по мотоспорту, через 2 года — большое дорожное соревнование на дистанции 556 верст. А еще через 2 года в столице состоялся первый чемпионат СССР на ипподроме и шоссе, было проведено первое зимнее соревнование по маршруту Москва — Ногинск — Москва. На рубеже 20-х—30-х годов заметную роль в нашем мотоциклетном спорте играли пробеги на длинные дистанции. В 1932—1935 годах в Ленинграде, Ижевске, Таганроге, Подольске начался выпуск отечественных мотоциклов. Уже в мотопробеге 1931 года наравне с зарубежными машинами проходили испытания 6 советских моделей. Проводились эксперименты с новыми видами соревнований: кроссами, гонками на льду, зимними состязаниями, мотоболом, в которых все более активно стали принимать участие женщины.

После вступления Центрального автомотоклуба Советского Союза в члены ФИМ (1956 год) у нас неоднократно проводились классические международные состязания, этапы и финалы чемпионатов мира по мотокроссу, гонкам на гаревой и ледяной дорожках. Так, в августе 1956 года впервые в нашей стране были организованы международные кольцевые гонки, а через 3 года состоялась первая международная встреча советских спортсменов по мотогонкам на льду, впервые прошел чемпионат СССР по спидвею, в 1966 году — первый чемпионат мира по гонкам на льду. За прошедшие годы наши спортсмены одержали немало побед в самых крупных международных состязаниях. В январе 1960 года была образована Федерация мотоциклетного спорта (ФМС) СССР. Сейчас ее правопреемницей является Мотоциклетная федерация России (МФР), образованная в 1991 году. Она была утверждена постоянным членом ФИМ на конгрессе этой организации в 1992 году.

Нахлыст

Рыбная ловля широко распространена во всем мире. Одним из самых популярных ее видов является нахлыст. Он представляет собой особый способ ужения рыбы на спиннинг с искусственной приманкой (мушкой). Но лишь некоторые любители рыбалки знают, что нахлыст — это вид спорта, да еще с многовековыми традициями. Истоки его — в глубокой древности. Уже в римской литературе III века в книге «De Animalium Natura» Клавдий Эдианус дает вполне основательное описание ловли форели на искусственную мушку. Все следующее тысячелетие любители продолжают ловить рыбу таким образом.

Развитие нахлыста прошло длительный путь как в области усовершенствования методов и техники ловли, так и в области изготовления снастей. Целые тома посвящены разнообразным мушкам, материалам, из которых они вяжутся, и технике вязания. Современная искусственная мушка не только с успехом имитирует поденку или личинку ручейника, существуют такого рода искусственные приманки для ловли щуки, судака, карпа и других пресноводных рыб, а также имитации для охоты на таких морских гигантов, как марлин, парусник, акула и тунец. Применение современных материалов и технологий для изготовления удилищ, катушек и шнуров сделало возможной ловлю и в маленьком таежном ручейке, и на дне глубокого горного озера, и на мелководьях тропических морей и океанов. Сегодня нахлыст не знает границ: им ловят и охотники за хариусом, сигом, форелью и кумжей в северных реках и озерах, и спортсмены, бороздящие моря и океаны в поисках крупной добычи.

Олимпиада: как все начиналось

Олимпийские игры — самые известные соревнования в мире. Ниже мы коснемся некоторых заблуждений, связанных с их возникновением и развитием.

Считается, что первые Игры, которые проходили в 776 году до н.э., состояли из таких видов спорта, как бег, борьба, плавание, состязание на колесницах и др. На самом деле это были не столько Игры, сколько всегреческая ярмарка, в программу которой был включен только один вид соревнований — бег на один стадий (192,27 м).

Бытует мнение, что, поскольку древние греки всегда восхищались красотой и силой, первая Олимпиада была проведена ради выяснения сильнейших в беге на один стадий, а также для того, чтобы позволить зрителям полюбоваться прекрасной физической формой атлетов. Но, оказывается, главной целью первой, да и многих последующих Олимпиад, было священное перемирие, которое устанавливалось на все время проведения Игр. Греки постоянно воевали между собой, но во время Олимпиад прекращали распри и шли на состязания, которые со временем включили в себя бег на два стадия, марафонский бег, бег в полном вооружении воина, борьбу, панкратион (кулачный бой), пятиборье, гонки на колесницах. Во время перерывов заключались крупные торговые сделки. В соревнованиях имели право участвовать только свободнорожденные греки-мужчины. Женщины, варвары и рабы к

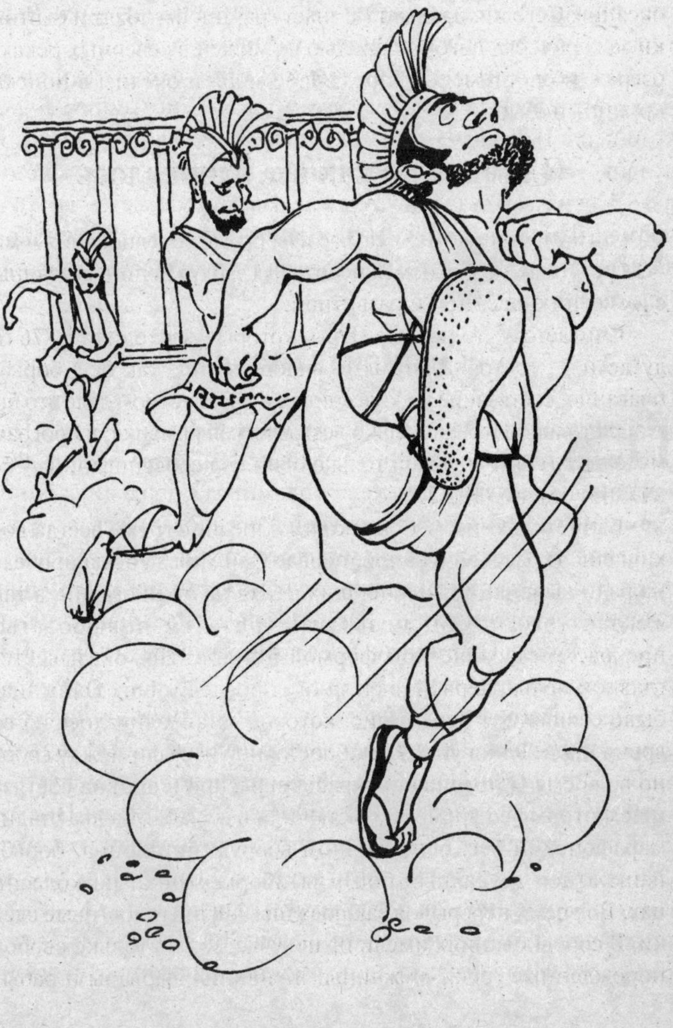

соревнованиям не допускались. Женщинам под страхом смерти даже запрещалось появляться на трибунах.

Принято считать, что первым олимпийским чемпионом нового цикла Игр стал греческий почтальон Спирос Луис, который в 1896 году пробежал марафонскую дистанцию, повторив путь древнегреческого воина-вестника, в честь которого был назван стадион в Афинах. На самом деле первым современным олимпийским чемпионом стал американский легкоатлет Дж. Конноли, завоевавший золотую медаль в тройном прыжке.

«Олимпиада хаоса»

Принято считать, что Олимпийские игры 1900 года в Париже прошли намного удачнее, чем Игры 1896 года в Греции, поскольку Парижская олимпиада проходила одновременно со Всемирной выставкой и предполагалось, что совмещение двух мероприятий мирового уровня пойдет на пользу спорту, сделает Игры заметнее и поможет их популяризации. Однако это совсем не так. Всемирная выставка почти полностью заслонила Олимпиаду, превратив соревнования в ее второстепенный придаток.

Организаторы выставки никак не помогли Олимпийскому комитету Парижа, а ведь ему стоило больших усилий создать хотя бы минимальные условия для спортсменов и не допустить срыва Игр. Сам основатель Олимпийского движения Пьер де Кубертен сказал: «В мире есть место, где равнодушно относятся к Олимпийским играм, и это место — Париж». И, кстати, до сих пор непонятно, как могло случиться, что Пьер де Кубертен практически был отстранен от проведения Олимпиады, которой руководили чиновники, не имевшие никакого отношения к спорту. Они всячески пытались принизить роль Игр, чтобы зрители не отвлекались от экспонатов выставки. Не способствовало полноценному проведению соревнований и то, что они были растянуты на очень длительный срок — с 20 мая по 28 октября. Таким образом, Олимпиада-1900 стала неотъемлемой частью развлекательной программы выставки и вошла в историю спорта как «Олимпиада хаоса».

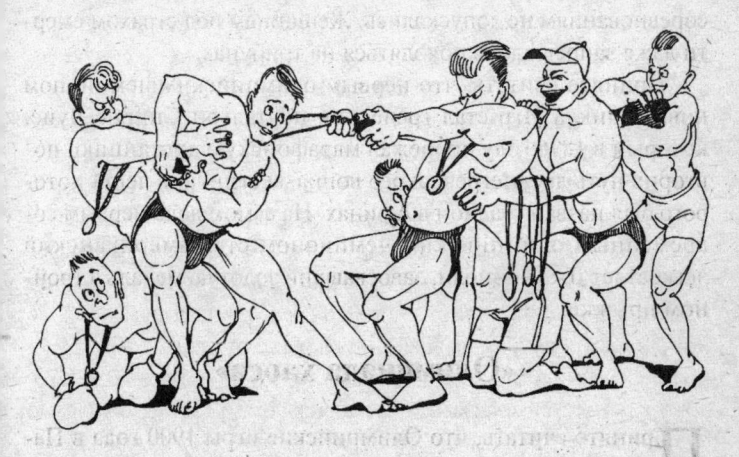

Тем не менее в соревнованиях приняли участие 1 330 спортсменов, в том числе впервые 11 женщин, из 21 страны. Было зарегистрировано всего три спортсмена из России — 2 конника и 1 стрелок. Состязания проводились по самым невероятным видам спорта, таким, как полеты на воздушном шаре и соревнования по спасению жизни.

О хаосе, творившемся на этих Играх, можно судить по следующим фактам: из программы соревнований были исключены самые популярные в те годы виды спорта — тяжелая атлетика и борьба, зато были включены поло на лошадях и стрельба по живым голубям. К тому же официальные итоги соревнований не подводились, а победители получали награды спустя годы по почте, поскольку праздник закрытия Игр не состоялся. До сих пор невозможно реально определить число официальных соревнований, победителей и призеров. Некоторые специалисты упоминают о 98 победителях в 15 видах спорта. По данным Международных спортивных федераций, официально учитывают 56 видов соревнований. В «Олимпийской энциклопедии» 1980 года написано, что было разыграно 83 комплекта наград. По мнению одних специалистов, такие виды, как конное поло, крикет, стрельба из лука и некоторые другие были представлены лишь в показательной части программы Игр, другие пытаются доказать, что эти виды были составной частью официальной программы. До сих пор немцы и французы не определили, кто был победителем соревнований по академической гребле в виде четверка с рулевым, поскольку один заезд выиграли немцы, другой — французы, а финального заезда проведено не было.

Но, несмотря на царившую неразбериху, II Олимпийские игры убедительно продемонстрировали не только жизненность Олимпийского движения, но и интенсивное развитие спорта в мире. Об этом свидетельствовало выступление на Играх женщин (теннис, гольф) и существенное увеличение количества стран-участниц. Впервые выставили свои команды Испания, Италия, Канада, Куба, Нидерланды, Норвегия, Гаити и Индия — первое государство Азии, представленное на Олимпийских играх. В программу были включены многие виды спорта, которые в дальнейшем стали очень популярными: футбол, конный и парусный спорт, метание молота и другие.

Примечательно, что никто из победителей I Олимпийских игр не сумел повторить свой успех в столице Франции. Несмотря на некоторые неточности в подведении итогов соревнований, принято считать, что больше всего медалей — 26 золотых, 36 серебряных и 33 бронзовых — оказалось у представителей Франции, за ними идут спортсмены США — 20 золотых, 15 серебряных, 16 бронзовых и Великобритании — 17 золотых, 8 серебряных, 12 бронзовых.

Олимпийские виды спорта

Существует широко распространенное заблуждение, согласно которому различные виды спорта в программу Олимпийских игр только добавляются, то есть изначально туда входили «классические» бег, борьба, плавание и т.п., затем с развитием остальных видов спорта МОК включал их в программу Игр, например, в 2002 году был принят скелетон. Однако мало кто знает, что некоторые виды исключались из программы Олимпиад. Более того, существуют примеры, когда вид спорта спустя какое-то время после исключения был возвращен в программу Игр. Но обо всем по порядку.

Вот перечень основных видов спорта, которые продержались в программе Олимпийских игр совсем недолго.

Соревнования по водно-моторному спор- ту, представляющие собой гонки на моторных судах, проводились в рамках IV Олимпийских игр в Лондоне в 1908 году, причем только среди мужчин. Состязания по этому виду спорта курируются Международным водно-моторным союзом, основанным в 1922 году. Больше в программу Игр данный вид спорта не включался.

Рэкетс — это игра с мячом и ракеткой у стенки. Название игры происходит от английского rackets, что означает «ракетки». Игроки посылают мяч в стенку таким образом, чтобы при отскоке он попал на сторону площадки соперника.

Корт со стенками для игры в рэкетс имеет размеры 8x9 м (без сетки). Диаметр мяча 2,54 см. Соревнования проводились только среди мужчин. Рэкетс был включен в программу Олимпийских игр только в 1908 году.

Состязания по гольфу проводились в рамках двух Олимпиад: в 1900 и в 1904 годах.

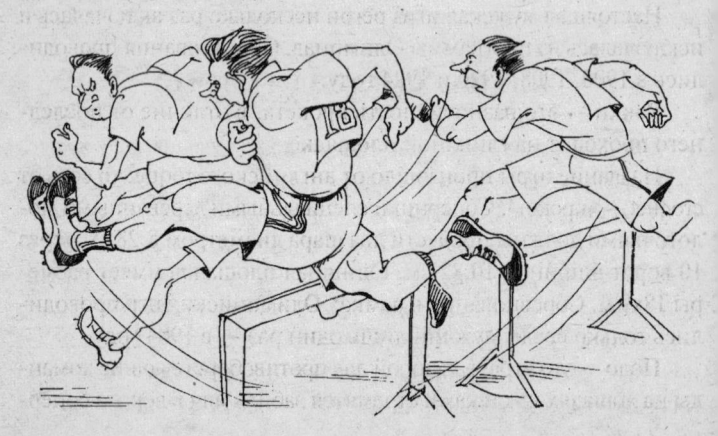

На II Олимпийских играх соревновались мужчины и женщины в личном зачете, а на III Олимпиаде состязались только мужчины в личном и командном первенстве.

Же де пом — это старинная игра с мячом, своеобразный прообраз тенниса. Мяч здесь перебрасывается ракетками через сетку или веревку. Название происходит от французского jeu de paume (jeu — «игра» и paume — «ладонь»). Игра была включена в программу Олимпийских игр в 1908 году, тогда выступали только мужчины.

В зависимости от места проведения игры существовали две ее разновидности. Игра в зале называется «курт-пом», что означает «короткая ладонь», а на открытых площадках — «лонг-пом» — «длинная ладонь». Площадка для лонг-пома имеет размеры 60—80 м на 14 м. Посередине она разделена веревкой, натянутой на высоте 1 м. Диаметр мяча около 6 см, а масса 16—20 г. В команде в зависимости от разновидности игры может быть 2, 4 или 6 участников. Проводится 5—7 игр в личном и командном первенстве.

Настоящая мужская игра регби несколько раз включалась и исключалась из программы Олимпиад. Соревнования проводились в 1900, 1908, 1920 и 1924 году.

Рокки — это разновидность крокета, в отличие от последнего проходит на глиняной площадке.

Название игры произошло от английского roque, то есть от croquet — «крокет». Соперники специальными деревянными молоточками должны провести два шара диаметром 8,28 см через 10 ворот шириной 10,82 см. Глиняная площадка имеет размеры 18×9 м. Соревнования в рамках Олимпийских игр проводились только среди мужчин лишь один раз — в 1904 году.

Поло — это игра, в которой две противоборствующие команды на лошадях клюшками стремятся забить мяч в ворота соперника. Ее еще часто называют игрой аристократов. В состав каждой команды входит 4 всадника. Соревнования проводились только среди мужчин. В программу Олимпийских игр включались в 1900, 1908, 1920, 1924 и 1936 годах.

Лякросс — это командная игра с клюшками-кроссами и мячом, который бросают, ловят, несут кроссами, бьют ногами с целью забить в ворота соперника. Название происходит от английского lacrosse или от французского la crosse, что означает «клюшка». Соревнования в рамках Олимпийских игр проводились только среди мужчин дважды — в 1904 и 1908 годах.

Крикет (от английского cricket) — это командная игра с мячом и битами.

Участники одной команды поочередно стремятся разрушить бросками мяча так называемую калитку — ворота команды соперников, которые защищают ее, отражая мяч битами. Крикет был включен в программу Олимпийских игр в 1900 году.

Крокет — это спортивная игра, в которой участники ударами деревянного молотка стремятся как можно быстрее провести свои шары через расположенные в определенном порядке препятствия в виде проволочных ворот к цели — колышку соперника — и вернуть их обратно. Название игры происходит от французского crochet, что означает «крючок». Правилами допускается помощь партнерам и противодействие сопернику. Соревнования проводились только среди мужчин на Олимпийских играх в 1900 и 1904 годах.

Опасный футбол

Утверждение, что «футбол — игра миллионов», совершенно справедливо. Но мало кто знает, что эта игра еще и самая опасная для жизни и здоровья, причем не участников, а болельщиков.

На футбольных стадионах частенько разыгрываются трагедии. Эмоции болельщиков перехлестывают через край. Ревущая толпа эхом откликается на каждое передвижение любимой команды. В любой момент эта масса может вырваться за пределы ограды, давя и калеча все на своем пути. Современные фанаты не скупятся на средства борьбы с «врагами». В ход идут дымовые шашки, кресла, железные прутья, слезоточивый газ. Но самое страшное оружие — это давка. Именно она забирает жизни сотен поклонников футбола.

Статистические данные заставляют задуматься. Оказывается, за минувшие 100 лет в результате различных происшествий, связанных с проведением футбольных матчей (обвалы трибун на стадионах, столкновения между болельщиками и др.), 5 896 человек погибло, серьезные ранения получили 7 007 поклонников футбола. Обычно к подобным последствиям приводила халатность представителей органов правопорядка. Интересно, что большая часть трагедий произошла в последней четверти XX века. Вспомним самые крупные из них.

5 апреля 1902 года. 40 человек погибло и 160 получили ранения на стадионе «Иброкс Парк» в Глазго во время давки, образовавшейся в ходе встречи сборных команд Шотландии и Англии. На стадион, вмещающий 40 000 человек, прорвалось почти 60 000 болельщиков, что и стало причиной трагедии.

1946 год. 44 человека погибло и 500 получили ранения в результате обвала на стадионе «Берден Парк» в английском городе Болтон на матче между командами «Болтон Уандерерз» и «Стоук-Сити».

24 мая 1964 года. 301 болельщик погиб на национальном стадионе Лимы в ходе классификационного матча Олимпийских игр между командами Перу и Аргентины. Полиция использовала слезоточивый газ в отношении перуанцев, протестовавших

против отмены забитого гола. В результате возникшей давки сотни людей погибли от удушья.

1967 год. 41 человек погиб в турецком местечке Кайсери во время матча между командами «Кайсери» и «Силвас Спорт» в результате возникшей давки, при столкновении фанатов.

23 июня 1968 года. 73 человека погибло и 150 получили ранения во время матча между командами «Ривер Плейт» и «Бока Юниорс» в Буэнос-Айресе (Аргентина). Группа хулиганов бросала петарды в толпу, что вызвало пожар. В результате паники десятки человек были раздавлены.

2 января 1971 года. 66 человек погибло и 150 получили ранения на стадионе команды «Глазго Рейнджерс» (Шотландия) в результате давки, созданной болельщиками на одной из трибун после гола, забитого на последних минутах в ворота «Глазго».

11 февраля 1974 года. 48 человек погибло и 50 получили ранения на стадионе «Замалек» в Каире в результате давки, возникшей из-за того, что на 40-тысячный стадион пришло 80 000 болельщиков.

9 февраля 1981 года. Задержка в системе открывания ворот на стадионе «Олимпиакос» в Афинах (Греция) привела к гибели 21 человека.

20 октября 1982 года. Черный день для российских болельщиков: по данным различных источников, до 340 человек погибло и около 1 000 получили ранения в результате неправильной организации выпуска болельщиков с трибун стадиона «Лужники» в Москве после матча между командами «Спартак» и «Хаарлем» (Голландия). Всех болельщиков согнали на одну трибуну, и в конце матча произошла страшная давка. По словам очевидцев, «мертвые тогда шли вместе с живыми: им не было места упасть...».

11 мая 1985 года. 52 человека погибло и более 200 получили ранения в результате пожара на главной трибуне стадиона в городе Брэдфорд (Англия). В тот же день 1 человек погиб и 57 получили ранения в Бирмингеме, где обрушилась стена стадиона.

29 мая 1985 года. 39 человек погибло и 500 получили ранения на стадионе Брюсселя в ходе финала Кубка чемпионов между английским «Ливерпулем» и итальянским «Ювентусом» по причине беспорядков, устроенных британскими хулиганами. Инцидент привел к тому, что **ФИФА** дисквалифицировала английские команды на продолжительное время, запретив участвовать в Еврокубках.

12 марта 1988 года. Более 50 человек погибло в Катманду (Непал) в результате паники, вызванной сильным дождем и градом, обрушившимися на стадион во время встречи сборных Непала и Бангладеш.

15 апреля 1989 года. 95 человек погибло и 170 получили ранения во время матча полуфинала Кубка Англии («Ливерпуль» — «Ноттингем Форрест»), проводившегося в городе Шеффилд. Толпа зрителей, которым не хватило места, силой открыла одни из ворот и заполнила трибуны. Возникла давка.

7 июля 1990 года. 62 человека погибло и более 200 получили ранения на стадионе Могадишо (Сомали) после того, как охранники президента Мохаммеда Сиада Барре открыли стрельбу по болельщикам, кидавшим различные предметы в VIP-ложу.

1991 год. 95 человек погибло и более 200 получили ранения на стадионе «Хиллсбро» (Шеффилд, Англия) в результате давки, возникшей на матче 1/2 Кубка Англии.

26 октября 1996 года. 80 человек погибло и 150 получили ранения в Гватемале на стадионе «Матео Флорес» во время отборочного матча чемпионата мира по футболу между командой хо-

зяев и сборной Коста-Рики. На вмещающий 45 000 зрителей стадион попало более 55 000 фанатов в связи с тем, что 20 000 билетов было подделано. Это привело к давке. Инцидент стал крупнейшей трагедией в истории футбола Латинской Америки.

Не стоит и говорить о «мелочах» наподобие следующих: совсем недавно в Польше в ходе матча между командами «Шленск» и «Висла» при столкновении с фанатами ранения получили пятеро полицейских, а в Хорватии в городе Сплит на местном стадионе во время финального матча Кубка Хорватии между «Хайдуком» и «Динамо» (Загреб) в давке пострадало 130 человек. Кровавый инцидент произошел в республике Гана, расположенной на юго-западе Африки. В столице страны Аккре на встрече команд «Кумаси Ашанти Котоко» и «Аккра Хартс» погибло около 130 человек. За 5 мин до окончания матча, на котором присутствовало больше 40 000 зрителей, болельщики проигравшей со счетом 1:2 команды принялись отрывать пластиковые сидения от трибун и бросать их на поле.

Полиция попыталась утихомирить фанатов, обрушив на них струи слезоточивого газа, и это привело к ужасным последствиям. Тысячи болельщиков, включая тех, кто не принимал участие в варварской акции, бросились к выходам, но они были перекрыты, и начавшаяся давка унесла огромное количество человеческих жизней.

Возможно, после прочтения этой статьи вы будете смотреть футбольные матчи только по телевизору. Данная проблема столь серьезна, что **ФИФА** организовала специальное подразделение службы безопасности, которое вместе с полицией следит за порядком на особо крупных матчах. Так что если вы любитель «живой» игры, то старайтесь вести себя на трибунах спокойно, а при появлении первых признаков какой-либо угрозы не впадайте в панику и следуйте указаниям представителей службы безопасности.

Откуда пришел хоккей?

Принято считать, что родина хоккея — это Канада, а родина хоккея с мячом — Россия. Но, строго говоря, это заблуждение, поскольку определить, откуда пошел тот или иной вид спорта, часто не представляется возможным. Игры-прародительницы хоккея существовали уже в позднем средневековье. Веселая молодежь прикрепляла на ноги полозья, отдаленно напоминающие современные коньки, и гоняла по льду деревянную чушку, стараясь забросить ее в ворота противника.

После открытия Америки заполонившие ее европейцы продолжали развлекаться с помощью палок и банки из-под консервов, гоняя ее по льду двух озер — Онтарио и Мичиган.

Бытует несколько официальных и, следует заметить, довольно противоречивых версий происхождения хоккея, только подтверждающих мысль о том, что точно узнать, откуда пришел этот вид спорта, очень тяжело. Одна из них утверждает, что в середине XIX века во время военных действий англичан в Канаде британские стрелки в свободное время гоняли шайбу, чем и заразили впечатлительных канадцев. Спустя совсем немного времени, 3 марта 1875 года, в Монреале на открытом катке «Виктория» состоялся первый официальный хоккейный матч, положивший начало истории соревнований по этому виду спорта.

Ох уж этот счет!

Система подсчета очков в теннисе непосвященным кажется очень странной и непонятной. Тем более что подсчет очков в игре звучит примерно так: «Пятнадцать, тридцать, сорок, игра». Действительно, не очень понятно, являются ли эти цифры «псевдонимами» единицы, двойки, тройки и четверки, которые употребляются, чтобы не путать счет в играх со счетом в партии и с общим счетом партий в матчах.

Довольно популярно мнение, согласно которому данный способ счета появился во Франции в средние века. В те времена французская знать любила забавляться игрой под названием «же де пом». Играли, конечно, на деньги. Монета номиналом 60 су разменивалась на четыре части — монеты по 15 су, каждая из которых означала одно очко выигрыша. По мнению многих ученых-историков, эта версия происхождения системы теннисного счета хоть и имеет право на существование, но, скорее всего, является чистой воды заблуждением.

На самом деле, считают они, происхождение ее другое, также, однако, имеющее старофранцузские корни. Слово «ля журнэ» имеет два значения: спортивное соревнование и день. А поскольку сутки состоят из 24 ч, а час из 60 мин, то и соревнования в те времена включали в себя 24 игры по 4 очка каждая. Причем следует отметить, что каждое очко считалось как четверть часа, то есть 15:0, или 30:15. Всего, соответственно, 60 очков. Вскоре, чтобы исключить случайный успех, теннисные любители решили, что после счета 45:45 нужно иметь преимущество в два очка и, чтобы не превышать число 60, стали вместо 45:45 считать 40:40. А за следующее очко приплюсовывалось 10. В случае выигрыша говорили «больше», в случае проигрыша — «меньше», а при ничьей — «ровно». При таких правилах играть 24 игры стало очень долго, и их количество уменьшили до 12, а потом и до 6 игр. И, несмотря на такие сложности, теннисисты не собираются отказываться от своей традиционной системы счета.

Павел Буре

«Любимец фортуны», «везунчик», «баловень судьбы» — так очень часто говорят о талантливом хоккеисте Павле Буре. Многим кажется, что успехи и достижения преподнесены ему, как говорится, «на блюдечке с голубой каемочкой». Однако не все в его жизни и карьере было легко и безоблачно.

Первым серьезным ударом для тогда еще совсем юного Паши стал развод родителей. Его отец — известный в свое время пловец Владимир Буре, бронзовый призер Олимпиад в Мехико и Мюнхене. Татьяна, мать будущего чемпиона, тогда еще студентка 4-го курса химического факультета, пришла однажды посмотреть выступления пловцов, на которых Владимир завоевывал свой очередной приз. Молодые люди познакомились и через некоторое время поженились. Буре вынудил Татьяну оставить учебу, сказав, что ему нужна жена, а не специалист. Они переехали в Москву, где родились их сыновья — Павел и Валерий. Жена постоянно ждала Владимира с бесконечных сборов и растила детей. Когда пришло время выбирать вид спорта для

сыновей, родители отдали предпочтение хоккею, который в 70-е годы в СССР был очень популярен. Пашу отвели в хоккейную школу ЦСКА, где он с трудом смог встать на скользкий искусственный лед. Тренер не хотел его брать, но отцу, пользовавшемуся авторитетом, удалось договориться. Мальчика постигали неудачи, и несколько раз он даже хотел бросить спорт, однако этому препятствовали родители. Тренировки продолжались, и начинающий подавать надежды игрок поставил перед собой цель попасть в основной состав ЦСКА. Именно в этот период Владимир Буре оставил семью, что стало страшным потрясением для Татьяны и для мальчиков. Женщина осталась с двумя детьми, не имея ни профессии, ни работы. Несмотря на тяжелое положение, Татьяна взяла себя в руки, поступила на заочное отделение торгового института, а затем устроилась на работу. Тренировки сыновей продолжались, мать ежедневно поднимала их в пять утра и перед работой отвозила на занятия. На все лето Татьяна отправляла детей в спортивные лагеря, навещая их по выходным. Она постоянно говорила сыновьям, что поставленной в жизни цели нужно добиваться, несмотря ни на какие трудности. Они усвоили это очень хорошо.

В 16 лет Павел уже играл в основном составе ЦСКА, а в 19 выступал в первой пятерке сборной СССР, стал заслуженным мастером спорта и чемпионом мира. В 1991 году Буре уехал в Канаду, где заключил контракт с клубом «Ванкувер кэнакс». Павлу было очень тяжело освоиться за границей, несмотря на то что материально он себя обеспечил. Прожив год в Канаде, Буре даже собирался вернуться в Россию, но этим нарушил бы условия контракта. Постепенно Павел «перерос» «Ванкувер». Однажды благодаря ему клуб был близок к завоеванию Кубка Стэнли, но уступил в финале «Нью-Йорк ренджерс». Спортсмен не мог в одиночку «держать на себе» всю игру. «Кэнакс» с трудом отпустил Павла, заключившего в начале 1999 года 5-летний контракт на 50 миллионов долларов со спортивным клубом «Флорида пантерс». Буре переехал в Майами. Все, казалось бы, складывалось как нельзя лучше, но и здесь его ждали серьезные испытания. Еще в Ванкувере он получил тяжелейшую травму — разрыв связок на ноге. Случись это раньше — и в карьере хоккеиста пришлось бы ставить точку. Медики сделали все возможное, но, для того чтобы вернуться в игру, Павлу приходилось ежедневно выполнять чрезвычайно сложные упражнения. В итоге его знаменитый рывок был спасен. Блестяще сыграв в новой команде несколько матчей, спортсмен получает похожую травму и снова, стиснув зубы, превозмогая боль, возвращается на лед и становится лучшим бомбардиром НХЛ 2000 года.

Павел — хоккейная «звезда» № 1, но, несмотря на это, он так и не научился спокойно воспринимать поражения, подобные провалу российской сборной в 2000 году у себя на родине — 11 место. В своем письме-обращении к болельщикам Буре дал обещание реабилитироваться во что бы то ни стало. Думается, ему можно поверить.

Пейнтбол

Самая распространенная версия происхождения пейнтбола гласит, что он был изобретен как тренировка для специальных агентов ЦРУ. На самом деле это не так.

Были три товарища: Чарльз Гэйнс, безработный, Хэйс Ноэл, биржевой брокер из Нью-Йорка, и Роберт Гарнси, который тогда владел лыжным магазином. Они интересовались способностью человека к выживанию и провели несколько лет в спорах на эту тему. Взвешивали и так и эдак, что помогает человеку в экстремальной ситуации — естественные, «звериные», инстинкты или дар разума; прикидывали, как это выяснить. Наконец один из них случайно обнаружил в фермерском журнале объявление о продаже красящего пистолета для маркировки скота. Друзья решили применить это орудие для своих испытаний.

В июне 1981 года неподалеку от города Хенникера, что в штате Нью-Гемпшир, состоялась первая игра, которая и стала отправной точкой в истории пейнтбола. Кроме трех инициаторов, в ней участвовали еще девять их приятелей, тоже «специлистов по выживанию». Они создали индивидуальную версию пейнтбола — «в живых» должен остаться только один. Не выстрелив ни разу, победителем стал нью-гемпширский лесник Ричи Уайт. Во время игры он даже не попался никому на глаза. И уж потом появились статьи в журналах, посвященные описанию и пропаганде этой игры, началось создание пейнтбольных клубов и т.д.

Первый президент МОК

Те, кто уверен, что первым президентом Международного олимпийского комитета был Пьер де Кубертен (основатель современных Олимпийских игр), заблуждаются.

23 июня 1889 года на конгрессе, который проходил в Сорбонне, было единогласно провозглашено возрождение Олимпийских игр. Главным организатором конгресса выступил Пьер де Кубертен. Во время проведения этого форума рабо-

тало две комиссии. Первая занималась вопросами любительского спорта. В ее состав входили: Мишель Гондине, президент Клуба бега Франции, профессор У.М. Слоэн и Р. Тодд, член Национального союза велосипедистов. Основной обязанностью второй комиссии было обсуждение понятия «олимпизм». В нее входили: Д. Викелас, член Панэллинского общества гимнастики, и член Французского союза конников барон де Карайон ля Тур.

Во время конгресса были утверждены основные положения проведения Олимпийских игр: четырехлетний интервал между Играми, исключительно современный характер видов спорта, недопущение детских соревнований и проведение Игр в разных странах. Что же касается поста президента МОК, Пьер де Кубертен предложил идею мобильного президентства, то есть эту должность занимал представитель той страны, в которой намечалось проведение очередных Игр. И, поскольку было принято решение провести первую Олимпиаду в Греции «для возрождения духа эллинизма», первым президентом МОК стал Диметриос Викелас.

Вот что писал Кубертен по этому поводу: «Викелас согласился занять пост президента только до конца 1896 года, затем я (Кубертен) должен был сменить его на четырехлетний срок. Между тем я занял пост генерального секретаря — пост, который намного интереснее, чем пост президента, поскольку генеральный секретарь — самая важная фигура в активной администрации».

Итак, первым президентом МОК стал Викелас, а Пьер де Кубертен находился на этом посту с 1896 по 1925 год и до конца жизни был почетным президентом МОК. Умер он 2 сентября 1937 года в Женеве. Согласно завещанию, тело предали земле в Швейцарии, а сердце этого великого человека было забальзамировано и привезено в Грецию, где его поместили в мраморном монументе, возведенном в честь Пьера де Кубертена у въезда в святилище Олимпии.

«Пещерный» спорт

Многие знают о существовании такой науки, как спелеология. Основная ее задача — изучение пещер, их флоры и фауны. Спелеологи воспринимаются всеми как научные работники, не имеющие к спорту никакого отношения. На самом деле сегодня нет четкого разделения между спелеологией и спелеотуризмом. Это тождественные понятия, включающие в себя как научные исследования, так и спортивные интересы.

Большинство ученых всего мира согласно с точкой зрения австрийского специалиста Триммеля, выделившего в истории спелеологии 4 периода:

1) барокко (XVI—XVII века);
2) Просвещение (XVIII век);
3) романтический (XIX век);
4) классический (конец XIX—начало XX века).

В течение первых трех периодов спелеология как наука развивалась достаточно слабо и не имела связи с другими областями. К концу романтического периода в мире было известно лишь несколько тысяч небольших пещер. Можно сказать, что до начала четвертого периода человечество о них практически ничего не знало. О спорте же в то время речь не шла вовсе.

После выступления Э.А. Мартеля, состоявшегося 4 августа 1893 года на XII Конгрессе Французской ассоциации поддержки научных исследований, термин «спелеология» получил всеобщее признание. В 1895 году в Париже возникло Спелеологическое общество Франции, работа которого на протяжении более 40 лет неизменно ассоциировалась с именем Э.А. Мартеля. Он являлся издателем и редактором первого специализированного журнала «Spelunka», за свои научные труды и деятельность по освоению пещер был награжден орденом Почетного легиона и получил Гран-при Академии наук Франции. Именно Мартель впервые составил список специального оборудования, перечисление которого занимало более 10 страниц, а общий вес превышал 4 т. Набор включал в себя веревки, шесты, лестницы, резиновые лодки, ледорубы, «кошки», специальные лампы, фотоаппараты и многое другое. Также Мартель опубликовал множество методических работ, которые были посвящены особенностям проведения исследований под землей. Благодаря именно этим трудам произошел огромный скачок в развитии спелеологии, которое продолжается и по сей день.

В XX веке начал развиваться и спелеотуризм. Основные его особенности: сложность подземных маршрутов, обусловлен-

...ная разнообразием рельефа пещер (колодцы, завалы, узкие щели, подземные реки и др.); как правило, высокая относительная влажность воздуха при пониженной температуре; отсутствие естественного освещения.

Пляжный волейбол

Пляжный волейбол считается обычным развлечением, которое не относится к официальным видам спорта. В действительности это не так. Волейбол на пляже с двумя игроками на площадке появился в США в 1930 году. Он был популярен в 20—30-е годы в Болгарии, Латвии, СССР, США, Франции, Чехословакии. Немного позже на площадке стали играть уже пять игроков. В 80-х годах пляжный волейбол, или бич-волей, получил широкое распространение в мире, и в 1993 году на заседании Международного олимпийского комитета в Монте-Карло он был признан олимпийским видом спорта.

На сегодняшний день Международная федерация пляжного волейбола проводит следующие соревнования: турниры в программе летних Олимпийских игр (с 1996 года), чемпионаты мира (с 1987 года для мужчин, с 1992 — для женщин) и мировой тур (с 1989 года для мужчин, с 1993 — для женщин), этапы (турниры) которого в течение сезона проводятся в разных странах.

В СССР первые официальные соревнования по бич-волею были проведены в 1986 году, а в 1989 был разыгран Кубок Москвы. В том же году впервые был определен обладатель Кубка СССР среди мужчин. В 1989 году волейболисты СССР дебютировали в чемпионате мира и в мировом туре.

Сейчас Всероссийская федерация волейбола проводит чемпионат России по бич-волею (с 1995 года проходит как национальная серия с этапами в разных городах), первенства России среди девушек, юношей и ветеранов.

Пожарный спорт

Ошибаются те, кто считает, что не существует соревнований среди пожарников. Подобные состязания проводятся уже достаточно давно и имеют свое название — пожарно-прикладной спорт.

Неотъемлемая часть подготовки пожарных — занятия спортом. Одним из основных видов профессиональной деятельности подразделений пожарной охраны является тушение пожаров, при котором приходится выдерживать значительные физические нагрузки. Быстрое задействование средств тушения, спасение людей, эвакуация имущества, работа на высоте, в дыу при высоких температурах, преодоление различных препятствий в сложных условиях — все это требует хорошего здоровья, силы и выносливости.

История пожарно-прикладного спорта начинается в 1931 году, когда появился комплекс ГТО. Именно на основе последнего были организованы первые соревнования среди работников пожарных частей. В то время в программу занятий физкультурой наравне с общими видами спорта входили упражнения по специальной подготовке: облачение в боевую одежду и снаряжение, переноска колонки и рукавов, хождение по бревну, лазание по канату, прыжки, преодоление препятствий и переноска манекена весом 60 кг. В дальнейшем на базе этих упражнений и возникли виды пожарно-прикладного спорта.

В 30-е годы в частях военно-пожарной охраны было много проходивших практику курсантов ленинградского пожарного техникума. Некоторые из этих студентов и стали первыми чемпионами и рекордсменами пожарного спорта. Это, к примеру, курсанты Кулаков и Данилов, сумевшие подняться к окну четвертого этажа по штурмовой лестнице за 34 с, несмотря на то что здания пожарных частей тогда не были приспособлены для занятий спортом. В 1937 году в Москве прошли первые Всесоюзные соревнования пожарной охраны НКВД, наряду с пожарно-прикладными упражнениями включавшие также гимнастику, легкую атлетику, стрельбу, баскетбол и футбол. По этому поводу «Московская спортивная газета» писала: «Интересные соревнования начинаются сегодня в Москве на стадионе «Динамо». В них примут участие спортсмены частей пожарной охраны НКВД, съехавшиеся в столицу из разных городов страны. В течение четырех дней будут выступать легкоатлеты, баскетболисты и футболисты. Необычная пожарная эстафета проводится 12 сентября. Первый ее этап: участники бегут в противоипритном костюме, резиновых сапогах, противогазе, второй — со стендером в руках, третий — со складной лестницей. На четвертом этапе каждый из бегунов должен взять с собой два рукава, проложить рукавную линию на 40 м, проползти по коридору 20 м и т.д. Пятый этап представляет собой пробежку с двумя заряженными огнетушителями, причем по пути предстоит тушить горящий керосин. Наконец, на последнем этапе следует преодолеть забор высотой 2,2 м и продемонстрировать приемы спасения человека». Это были первые соревнования по пожарно-прикладному спорту в СССР, на которых зарегистрировали и первые рекорды. Вот они:

— подъем по штурмовой лестнице на четвертый этаж учебной башни — 29,8 с;

— установка и подъем по трехколенной выдвижной лестнице на третий этаж учебной башни — 29 с;

— пожарная эстафета — 4 мин 49,6 с;

— боевое развертывание — 10 мин 42 с.

Первый приз завоевала сборная команда Москвы. Потом были Всесоюзные соревнования в 1937 и 1938 годах. В них принимало участие по 12 команд, в каждой из которых было 25 человек.

Пожарно-прикладной спорт включал как очные, так и заочные состязания. В 1939 и 1940 годах проводились Всесоюзные заочные пожарно-прикладные соревнования. До 1945 года все состязания проходили по специально объявленным программам, в которых объяснялась суть упражнений и условия их выполнения.

В годы войны соревнования, естественно, не проводились. В 1945 году впервые были разработаны правила состязаний по пожарно-прикладному спорту и программа Всесоюзных лично-командных соревнований пожарной охраны МВД СССР, включавшая:

— подъем по штурмовой лестнице на четвертый этаж учебной башни;

— преодоление полосы препятствий длиной 100 м;

— установку выдвижной трехколенной лестницы и подъем по ней на третий этаж учебной башни;

— пожарную эстафету 6х100 м;

— боевое развертывание отделения;

— двоеборье.

Правила предусматривали присутствие специальных судей-арбитров, которые следили за приемами работы с пожарно-техническим вооружением, определяли количество штрафных минут и сообщали в судейскую коллегию штрафное время участника, выполнявшего то или иное упражнение. Было разыграно звание чемпиона пожарной охраны по двоеборью (подъем по штурмовой лестнице на четвертый этаж учебной башни и преодоление 100-метровой полосы с препятствиями).

В том же 1945 году прошли третьи Всесоюзные соревнования. Спустя три года в этих состязаниях начали принимать участие представители других ведомств, таких, как Министерство обороны, Министерство путей сообщения, Министерство угольной промышленности. В 1948 году из упражнения по преодолению 100-метровой полосы был исключен перенос 60-килограммового макета человека, а из пожарной эстафеты 6х100 м был исключен первый этап — бег в защитной одежде. Эстафета теперь состояла из 5 этапов, то есть 5х100 м. В таком виде пожарно-прикладной спорт просуществовал вплоть до 1954 года, когда вновь были внесены изменения в преодоление 100-метровой полосы препятствий и пожарную эстафету. Исключение многих препятствий и их перестановка дали возможность спортсменам демонстрировать навыки владения сложными техническими приемами на высокой скорости, уменьшилась вероятность получения травм, повысилась динамичность и зрелищность соревнований, способствующих популяризации пожарно-прикладного спорта.

В 1963 году решением Центрального совета Союза спортивных обществ и организаций СССР этот вид спорта получил официальное признание. В том же году были внесены изменения в программу соревнований. Она включала:

— подъем на четвертый этаж учебной башни с помощью штурмовой лестницы;

— преодоление полосы препятствий длиной 100 м;

— установку и подъем по выдвижной трехколенной лестнице на третий этаж учебной башни;

— пожарную эстафету 4х100 м с тушением горящей жидкости;

— двоеборье;

— боевое развертывание.

Всесоюзная федерация пожарно-прикладного спорта СССР была создана в январе 1964 года. В августе 1968 года пожарно-прикладной спорт вышел на международную арену. В Ленинграде прошли первые соревнования с участием иностранных команд. С явным преимуществом чемпионом стала сборная команда СССР, что никого особо не удивило.

Сейчас пожарно-прикладной спорт не уступает по уровню развития большинству других видов. Соревнования проводятся, но интерес к ним уже не тот. Достаточно часто среди школьников старших классов проходят состязания юных пожарников — вот здесь зрителей много. Будем надеяться, что пожаров станет меньше, а спортивных соревнований гораздо больше.

Происхождение бильярда

Существует мнение, что бильярд, как и шахматы, был изобретен в Индии. Другие считают, что родина этой игры —

Китай и вообще Азия. В действительности это не так. Принципы современной бильярдной игры в том или ином виде были заложены в некоторых европейских народных играх.

Например, в народной немецкой игре balkespiel, существовавшей в Германии еще в средние века, использовались длинные столы с грубыми бортами и углублениями, куда игрок старался загнать каменный шар противника при помощи дубинки. В Англии приблизительно в те же годы была распространена игра pall-mallspill, в которой участники на твердо утрамбованной земляной площадке старались прокатить несколько шаров (по определенным правилам) через ворота. А в середине XV века многие игры из садовых превратились в комнатные, что очень сильно сказалось на дальнейшем их развитии. У первых бильярдных столов было много технических несовершенств. Так, борта не были упруги, и, ударяясь о них, шары не могли отражаться, грубыми киями-дубинками невозможно было придать им боковое вращение, доска, по которой катались шары, была не очень ровной и твердой. Игра выглядела весьма примитивной.

В дальнейшем, начиная с конца XVI столетия, происходит усовершенствование бильярда. Простые дыры (лузы) в бортах оборудуются сетчатыми карманами, причем число луз последовательно уменьшается до шести. Борта стола подбиваются шерстью, а позднее окантовываются резиной, что делает их более упругими и позволяет лучше отражать шары. Бильярдные доски обрабатываются более тщательно, причем как доски, так и борта начинают обтягивать сукном. Постепенно короткая палка уступает место длинному кию, игра принимает совсем иной характер, и интерес к бильярду резко возрастает. Совершенствование бильярдного стола затронуло и его форму. Квадратный, потом шести-, восьмиугольный и даже круглый стол в конце концов получает твердо установившуюся современную четырехугольную форму, в которой независимо от величины бильярда сохраняется строгая пропорциональность: длина стола всегда вдвое больше его ширины. Изменялись и размеры бильярдных столов, но опыт и практика показали, что по-настоящему интересная игра может быть только на большом бильярде.

В России бильярд появился уже в начале XVIII столетия, при Петре I. Будучи в Голландии и познакомившись с этой игрой, Петр приказал изготовить для себя специальный стол, и игра эта стала его любимым развлечением. По примеру царя его приближенные тоже стали заводить у себя бильярдные столы. Спустя некоторое время игра быстро обосновалась в дворянских поместьях, дворцах и различных клубах. Еще большую популярность она приобрела при императрице Анне Иоанновне, которая играла почти ежедневно. С начала XIX века бильярд в России нашел своих почитателей в гостиницах, трактирах и прочих заведениях. Например, уже к 40-м годам прошлого века в русской армии не было ни одного полка, в офицерском собрании которого не стоял бы бильярд.

Если вначале в основном культивировались пришедшая с Запада трехшаровая карамбольная партия и так называемая русская карамбольная игра в пять шаров, то позднее, начиная с 30-х годов XIX века, именно в России появилась малая русская пирамида. Она до сих пор является как бы классикой бильярдного спорта. В конце XIX—начале XX века бильярдная игра медленно, но верно принимает спортивный характер, что подтверждают всевозможные международные соревнования. Так, в начале 1906 года в Париже разыгрывался чемпионат мира с главным призом в 40 000 франков. О масштабах распространения бильярда в Европе, особенно во Франции, можно судить по тому, что к 1910 году только в одном Париже насчитывалось более 20 000 бильярдных столов. А в России в начале XX века был организован Петербургский кружок любителей бильярдной игры, ежегодно устраивавший различные турниры.

Прыжки с трамплина

Мы считаем, что в одном из видов лыжного спорта — прыжках с трамплина — во внимание принимается только длина прыжка. В действительности это не совсем так. С 1945 года прыжки стали оцениваться не только по длине от стола отрыва до места приземления, но и по красоте, координации движений, ловкости, динамическому равновесию, владению своим телом.

Родиной этого вида спорта считается горная провинция Норвегии Телемарк. Уже в середине XIX века там имелись места для прыжков на лыжах. Официальная регистрация их дальности началась в 1868 году. Российские любители прыжков на лыжах со снежных самодельных трамплинов появились в Петербурге и Москве в начале XX века. В 1906 году лыжники клуба «Полярная звезда» построили под Петербургом первый деревянный трамплин, позволяющий прыгать на 10—12 м. Позднее там же был построен трамплин с искусственной горой разгона и расчетной мощностью дальности прыжков до 20 м. Первые же официальные соревнования в России состоялись в 1912 году в местечке Юкка, под Петербургом, а в 1926 году был разыгран первый чемпионат СССР. В олимпийской программе прыжки с трамплина представлены с первых Игр 1924 года в Шамони. Начиная с 1964 года олимпийцы разыгрывают уже по 2 комплекта медалей на трамплинах длиной 70 м и 90 м. На Играх в Калгари в 1988 году впервые были разыграны медали в командных соревнованиях.

Места участников в соревнованиях определяются оценками, которые выставляют в зависимости от длины и стиля прыжка. В командных соревнованиях результаты отдельных участников команды суммируются. В официальных соревнованиях участвуют только лишь мужчины. Для учета максимального подъема в полете используются лыжи не шире 11,5 см. Длина лыж не должна превышать рост спортсмена, умноженный на коэффициент 1,46.

На Олимпиаде 2002 года в Солт-Лейк-Сити были разыграны 3 комплекта наград: в одиночных соревнованиях на трамплинах длиной 90 м и 120 м и командных на 120-метровом трамплине.

Оценку за стиль выставляют пять судей. Критериями оценки являются отрыв от стола, полет и приземление. Каждый судья может поставить максимум 20 баллов. Лучшую и худшую оценку отбрасывают. Таким образом, за стиль спортсмен может набрать максимум 60 очков. Оценка за дальность прыжка определяется по специальной таблице. На 90-метровом трамплине за прыжок на 90 м начисляется 60 очков. Превышение этого результата на каждый метр приносит дополнительные 2 очка. Соответственно, при недолете до 90 м снимается 2 очка за каждый метр.

На 120-метровом трамплине 60 очков начисляется при результате 120 м. За каждый метр отклонения от этого норматива начисляется ± 1,8 очка. В результате эти две оценки суммируются и получается итоговое количество баллов за прыжок.

Прыжок из космоса

Практически для любого парашютиста, если он, конечно, не спортсмен экстра-класса, прыжок с 10 000 м является пределом мечтаний. Из космоса же прыгнуть невозможно просто физически. Так считают почти все люди, кроме тех, кому известна правда.

Прыгнуть из космоса можно, и это было доказано 40 лет назад. 1 ноября 1962 года в 8 ч утра со стратостата «Волга» — громадного сооружения высотой более 100 м — спрыгнул отважный испытатель Евгений Андреев, которому необходимо было покинуть корабль на высоте 25 000—30 000 м и падать камнем (не раскрывая парашюта) до... 800 м. Этим невероятно опасным экспериментом требовалось доказать способность человека выдерживать очень тяжелые перегрузки. Одним словом, наши испытатели бросали вызов, казалось бы, невозможному.

Андреев долго и упорно тренировался. Надев специальный костюм, учился в барокамере дышать кислородом под высоким давлением. У неподготовленного человека в таких условиях мгновенно закипает кровь и разрываются ткани легких. Высота 25 458 м. Это так называемая зона равновесия, когда скорость подъема стратостата уже не увеличивается. Сам Андреев рассказывает о прыжке так: «Я отстрелил крышку своего люка, через который предстояло катапультироваться. Чтобы теплоотдача была меньше, перевернулся на спину — и вперед. До этого мне неоднократно приходилось прыгать ночью, тем не менее небо поразило: густой чернильный цвет и звезды — близко-близко. Покосился через плечо вниз, а там голубизна, ярко-оранжевое солнце...»

Подъем стратостата в стратосферу продолжался почти 2,5 ч. Падал оттуда парашютист всего 5 мин, причем первые несколько тысяч метров — со скоростью 900 км/ч. Температура окружающей среды составляла около —65 °С. Замерзли руки. Внизу Волга. На Андрееве поверх высотного снаряжения морской спасательный жилет. Это на всякий случай. Чтобы не «приводниться», он начинает делать галсы, стремясь к полю. Когда сработало автоматическое сигнальное устройство, раскрылся парашют. Снижение с ним заняло чуть больше 100 с...

Сам Андреев не может назвать точную цифру выполненных им прыжков — приблизительно около 5 000.

Сам по себе эксперимент может поразить воображение человека. Однако это не все. В апреле 1954 года (до описанных выше событий) на испытаниях противоперегрузочного снаряжения для пилотов-реактивщиков Андреев катапультировался с бомбардировщика на скорости 750 км/ч с высоты 1 500 м. Случилось непредвиденное: отсоединившееся кресло ударило парашютиста по бедру, разбив на мелкие кусочки более 16 см кости. Доктора Института имени Склифосовского, куда срочно доставили Евгения, вынесли приговор: ампутировать. Андреев не позволил, ногу собрали, она срослась и стала на 4 см короче. Чтобы убедить врачебно-летную комиссию дать разрешение на прыжки с парашютом, Евгений с разбега сделал заднее сальто и стойку на одной руке!

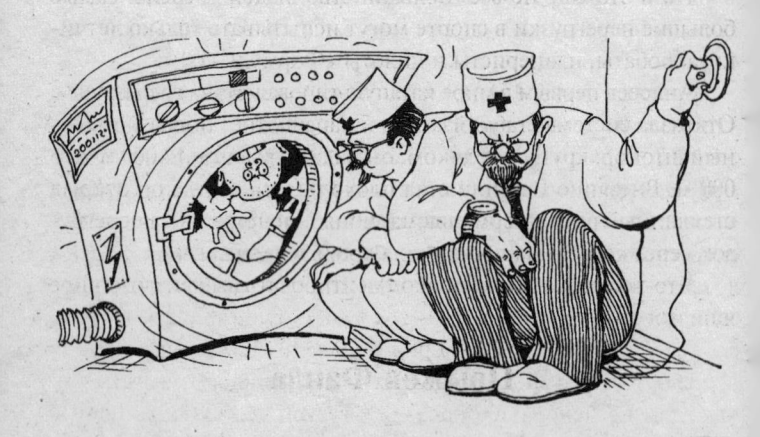

Андреев прыгал с парашютом еще больше 30 лет. На его счету 8 мировых рекордов. Он попал в Книгу рекордов Гиннесса. Евгений испытал более 200 типов парашютов, свыше 60 различных конструкций на самолетах и вертолетах, около 70 типов летательных аппаратов. Вышесказанное, возможно, разубедит многих в том, что экстремальными видами спорта могут заниматься лишь абсолютно здоровые люди.

Но и это еще не все. Большинство людей уверено: самые большие перегрузки в спорте могут испытывать только летчики-акробаты, планеристы и пилоты «Формулы-1».

Андреев первым в мире катапультировался «на сверхзвуке». Отказала система стабилизации, и парашютист попал в страшный штопор: крутясь волчком, он падал с высоты 12 000 м до 5 000 м. Внезапно Евгений стал плохо видеть. Когда он открыл стеклянный щиток гермошлема, понял, почему: из-за перегрузок через кожу лица проступила кровь и залила глаза.

Что-то добавить или прокомментировать вышеизложенное я не могу.

Прыжок Фаила

Даже среди профессионалов и историков спорта, не говоря уже об обычных людях, бытует заблуждение, согласно которому средний результат древних греков в прыжках в длину с разбега был 15—16 м. Первоисточником этой информации является дошедший до нашего времени текст древнегреческого историка Феофрата «Описание 70-х Олимпийских игр» (500 год до н.э.), где между прочим говорится, что длина прыжка атлета из Кротона по имени Фаил составила 55 стоп. Нам до сих пор неизвестно, какой была стопа главного элладоника (судьи), но мы можем предположить, что ее длина соответствовала 40—42 размеру обуви, следовательно, длина прыжка равнялась 15—16,5 м. Однако никто не может в точности знать его технику, известно лишь, что древние греки прыгали с гантелями в руках (каждая весила от 1,5 кг до 4,6 кг). Если прыжок выполнялся по методу современного тройного, то данные первоисточника выглядят вполне правдоподобно.

Сегодня считается, что гантели применялись исключительно для стабилизации траектории прыжка и точности приземления на обе ноги. До нас дошли рисунки на древнегреческих вазах, изображающие спортсменов, сначала держащих гантели на вытянутых руках впереди себя, а затем в верхней траектории прыжка отводящих руки вниз-назад. Если легкоатлет совершит эти действия, то его тело переместится на некоторое расстояние вверх (тем большее, чем значительней вес опускаемых рук).

У Куприна есть рассказ о человеке, придумавшем необычный цирковой трюк. Над ареной размещались два помоста. Артист должен был, разогнавшись, перепрыгнуть это расстояние между ними, причем помост, на который он приземлялся, находился выше того, с которого он стартовал. То есть в естественных условиях, согласно законам физики, человек не мог долететь до второго помоста. Однако не последнюю роль играла следующая деталь: при разгоне артист держал в руках тяжелый груз, на пике траектории прыжка бросаемый на арену. Происходило чудо: человек воспарял в воздухе на лишние 20—30 см и, соответственно, долетал до второго помоста. Достоверно известно, что Куприн описывал реальные события. Таким образом, тройной прыжок с грузом в руках на 15—16 м вполне мог иметь место.

Но это доказывает всего лишь возможность рекордного прыжка Фаила. Древние олимпийцы прыгали на расстояния, которые были существенно меньше. Это подтверждает сам историк Феофрат в том же тексте, говоря, что в Древней Греции был совершен только один прыжок на такую длину и совершил его спартанский бегун Эхион, чей результат составил 16,6 м. Однако это произошло за 150 лет до прыжка Фаила.

Таким образом, древним грекам были известны лишь два подобных достижения — Фаила и Эхиона. А теперь самое главное: атлет из Кротона перелетел прыжковую яму и сломал левую ногу, так как упал на твердую каменистую землю стадиона. Соответствен но, длина прыжковой ямы в Древней Греции была не более 14 м, длина же современных составляет 13 м для мужчин и 11 м — для женщин. Разница, согласитесь, не такая уж и большая.

Римские Олимпиады

В настоящее время бытует заблуждение, будто спортивные игры в Древнем Риме проводились точно так же, как в Древней Греции. На самом деле это не так. Между греческими и римскими состязаниями были существенные различия.

У греков в Играх участвовали только мужчины, а древние римляне проводили состязания в беге, прыжках в длину, метании диска и среди девушек. Греческие атлеты выступали обнаженными, римляне же для спортивных игр надевали специальную одежду. Например, женщины облачались в некоторое подобие современных купальников. Соревнуясь в кулачном бое, античные греки обматывали руки кожаными лентами для фиксации суставов и пальцев. В IV веке до н.э. в качестве защиты применялись заранее свернутые по форме кисти кожаные ленты. Во времена Римской империи (II век до н.э.) так называемые перчатки стали укреплять железными и свинцовыми вставками. Соответственно, изменились техника и стиль боя. Теперь следовало уделять основное внимание не гибкости и ловкости, а защите и силе ударов. И кто там говорит о жестокости современного бокса?

РММ

Эти три загадочные буквы расшифровываются так: Российское многоборье молодежи. Данный вид спорта, вернее, спортивного движения появился совсем недавно в качестве альтернативы советскому ГТО. До сих пор считается, что о нашей молодежи никто не заботится. На самом же деле это не так. Ею занимаются достаточно серьезно (в хорошем смысле этого слова).

РММ создано совместными усилиями Министерства образования РФ, Министерства РФ по физической культуре, спорту и туризму, Государственного комитета РФ по делам молодежи, спортивного общества «Юность России» и Российской оборонной спортивно-технической организации. Центральный штаб РММ возглавляет дважды Герой Советского Союза летчик-космонавт заслуженный мастер спорта Павел Романович Попович. Теперь многоборье проходит в нескольких странах СНГ в следующие дни: 9 мая (День Победы), в День молодежи (последнее воскресенье июня) и в День физкультурника (второе воскресенье августа). На Всемирных юношеских играх 12 июля 1998 года в числе 33 спортивных демонстрационных программ на футбольном стадионе спорткомплекса «Москвич» состоялись показательные всероссийские старты РММ.

От ГТО Российское многоборье молодежи отличается наличием не совсем стандартных упражнений, некой ритуальностью и интересом к славянской истории. Комплекс РММ рассчитан в первую очередь на 16—17-летних юношей, стоящих на пороге взрослой жизни. Нормативы включают поэтапное выполнение пяти таких упражнений: «Преодолей себя», «Испытай себя», «Вращай себя», «Проверь себя» и «Поверь в себя». Каждое из них связано с развитием конкретных качеств, необходимых каждому человеку, а в особенности мужчине (физическая сила, быстрота, выносливость, гибкость, ловкость, мужество и закалка). Вместо привычных мер длины (метр, километр и килограмм) используются старинные русские (верста, сажень, аршин, пядь, пуд и другие). Употребление старославянских терминов так или иначе заставляет молодого человека проявить повышенный интерес к национальной истории. В РММ все чаще и чаще наряду с юношами принимают участие и девушки.

Сегодня РММ имеет такие два основные направления: «Российское многоборье мужества» (для мужчин) и «Сударушка Великой Руси» (для женщин). Развиты они в основном в России, в первую очередь в Поволжье. Официально имеют следующие цели, задачи и правила:

«Открытые молодежно-патриотические старты «Российское многоборье мужества» и «Сударушка Великой Руси» проводятся ежегодно в соответствии с Положением о всероссийских соревнованиях по РММ на призы дважды Героя Советского Союза летчика-космонавта СССР заслуженного мастера спорта

СССР Поповича П. Р. и посвящаются победе советского народа в Великой Отечественной войне 1941—1945 годов. Цель соревнований — утверждение и развитие патриотических традиций среди детей и молодежи 16—18 лет, высшим нравственным принципом для которых является внутренняя духовно-физическая готовность к выполнению высоких нормативных требований 5 этапов многоборья с установлением личных рекордов и посвящением каждого из них светлой памяти героической победы советского народа в Великой Отечественной войне 1941—1945 годов.

Программа соревнований и последовательность прохождения пяти этапов РММ и СВР следующая.

I этап. «Преодолей себя».

Юноши. Лазанье на руках (без помощи ног) по вертикальной 4-пролетной конструкции. Расстояние между пролетами перекладин 10 вершков, или 44,5 см. Норматив — 9 пролетов.

Девушки. Наклоны туловища из упора лежа на спине, ноги закреплены, руки за головой. Норматив — 36 раз.

II этап. «Испытай себя».

Юноши. Кроссовый бег (или бег на стадионе) — 3 версты, или 3 км 210 м (1 верста = 1 км 70 м). Норматив — 13 мин 30 с.

Девушки. Российский танцевальный марафон: исполнение русских народных и современных молодежных танцев под 9-минутную музыкальную фонограмму (3 танца по 3 мин). Учитывается качество исполнения основных национальных элементов танцев, эстетическая ритмо-музыкальная культура участников, многообразие импровизаций в исполнении базовых элементов, составляющих современные молодежные танцы. Индивидуальное исполнение композиции оценивается по 10-балльной системе. Норматив — 8 баллов.

III этап. «Вращай себя».

Юноши и девушки. Исполнение на фиксированной оси «якутского мостика» — спортивного упражнения на гибкость. Учитывается количество поворотов на 360° вокруг собственной оси с «моста» — на «мост», при этом не допускается касание земли какими-либо частями тела. Норматив — 3 вращения на 360° стоя на «мостике» (как для юношей, так и для девушек).

IV этап. «Проверь себя».

Юноши и девушки. Бег на дистанцию 10 косых саженей, или 24,8 м (1 косая сажень = 2 м 48 см). Юноши — старт из упора лежа. Норматив — 4,6 с.

Девушки — старт произвольный. Норматив — 4,8 с.

V этап. «Поверь в себя».

Юноши и девушки. Последовательность выполнения заданий пятого этапа такова:

1. Войти за ширму и раздеться: юношам до плавок, девушкам до купальников.

2. Взять два 10-литровых ведра. Одно наполнить холодной питьевой водой (для девушек 0,5 объема ведра), в другое поло-

жить 3 макета гранаты Ф-1 (или соответствующие их размерам камни весом 600 г).

3. Пройти последовательно по 12 искусственным кочкам без потери равновесия. На последней кочке поменять ведра с грузом.

4. Перешагнуть с последней кочки на наклонный бум. Пройти его до конца. Спрыгнуть в квадрат на точность приземления. Задания выполняются без учета времени. При ошибках и неточностях прохождение всего маршрута повторяется (но не более 3 раз).

5. Выполнить метание гранаты Ф-1 (или заменяющих ее камней) на точность попадания в цель. Норматив — одно попадание в цель (при необходимости можно дать повторную попытку).

6. Выполнить обливание холодной водой (исключительно по желанию).

7. Юноши (исключительно по желанию). Перекреститься пудовой гирей, держа ее в правой руке. Выполнить поочередно правой и левой (или одновременно двумя руками) выжимание пудовых гирь. Учитывается сумма жимов, выполненных каждой рукой по отдельности (или одновременно). Сгибание ног в коленных суставах не допускается. Паузы между попытками не более 5 с. Норматив — 12 раз на каждую руку или 12 раз одновременно 2 гири.

Девушки. Отжимание силой рук в упоре сзади. Паузы между попытками не более 5 с. Норматив — 36 раз».

Достаточно необычный, но, несомненно, полезный вид спорта.

Рок-н-ролл

Существует мнение, что рок-н-ролл — просто музыка для танцев или вид танца. Но, оказывается, это к тому же еще и вид спорта. Да, действительно, рок-н-ролл был музыкой для танцев с характерным ритмом, но швейцарец Рене Сагарра объединил присущие ему танцевальные движения в единый законченный рисунок и тем самым «изобрел» современный спортивный рок-н-ролл, который был взят на вооружение немецкой ассоциацией учителей танцев и с тех пор стал уже красивым и сложным видом спорта. Кроме того, появился так называемый акробатический рок-н-ролл, сочетающий в себе головокружительную акробатику с бешеным темпом и сложнейшим танцем. В 1974 году 4 страны (Италия, Франция, Германия и Швейцария) основали Европейскую рок-н-ролльную ассоциацию (ЕРРА), к которой практически сразу же присоединилось еще несколько стран (Австрия, Голландия, Дания и Швеция). Через пару лет в ЕРРА вошла Канада и Европейская ассоциация превратилась во Всемирную (ВРРА).

Однако существовала еще одна международная рок-н-ролльная организация — Всемирная федерация джазового танца. В 1984 году они объединились, создав современную Всемирную рок-н-ролльную конфедерацию (ВРРК), которая единственная на сегодняшний день объединяет спортсменов акробатического рок-н-ролла всего мира.

В настоящее время в ВРРК входит более 30 стран, в числе которых и Россия. Ежегодно ВРРК проводит 6 турниров серии «мастера» (только для взрослых спортсменов «А» класса), чемпионаты Европы и мира среди пар, а также в категории «формейшн» для взрослых и юниоров и соревнования по буги-вуги. Российская школа акробатического рок-н-ролла — наиболее перспективная в мире, несмотря на то что является довольно молодой. Российские спортивные пары не просто наступают на пятки, а уже обошли многих признанных мастеров. В мировых рейтингах они, независимо от возрастной категории, занимают высшие позиции.

—212—

Самый титулованный клуб

Среди болельщиков двух самых известных клубов бывшего СССР — киевского «Динамо» и московского «Спартака» — постоянно ходят споры о том, какая из этих команд самая титулованная. Естественно, фанаты каждого из клубов считают таковым именно свой. Как это ни удивительно, но заблуждаются и те и другие.

На самом деле достижения этих команд примерно равны. Судите сами. Футбольный клуб «Динамо» (Киев) является 13-кратным чемпионом СССР, 9-кратным победителем Кубка СССР, 2-кратным обладателем Кубка Кубков европейских стран и однократным обладателем Суперкубка УЕФА. На счету «Динамо» (Киев) 9 выигранных чемпионатов Украины, 5 Кубков Украины, 3 Кубка Содружества. Два динамовца — Олег Блохин и Игорь Беланов — обладатели «Золотого мяча» — приза лучшему футболисту Европы, учрежденного еженедельником «Франс футбол».

Футбольный клуб «Спартак» (Москва) 12 раз был чемпионом СССР, 12 раз серебряным и 9 раз бронзовым призером чемпионатов СССР. «Спартак» — 10-кратный обладатель и 5-кратный финалист Кубка СССР.

Это основные титулы этих двух известнейших команд, и они впечатляют. Думается, что вместо того, чтобы спорить о том, какой клуб лучше, нужно просто наслаждаться их виртуозной игрой.

Секс-контроль

Считается, что при проведении крупных соревнований проходят только один вид контроля — допинг-контроль. На самом деле есть еще один вид проверки, о котором принято умалчивать, — это так называемый секс-контроль (в смысле контроль пола). Поскольку Олимпийские игры и близкие по уровню соревнования уже давно превратились из благородных состязаний в настоящее поле битвы между различными государствами, в ход идут все средства для достижения победы. В том числе и самые неожиданные.

В 1960 году один из самых известных в мире специалистов по спортивной медицине профессор Людвиг Прокоп из Австралии поднял в своих публикациях вопрос о половой принадлежности спортсменок, выступавших на различных международных соревнованиях, в том числе и на Олимпиадах. Его сенсационная статья называлась «Амазонки в спорте», и в ней профессор, пожалуй, впервые открыто и во всеуслышание заявил: «Многие чемпионки на самом деле не девушки и женщины, а самые натуральные гермафродиты!» Это заявление повергло в шок мировую общественность. Не то чтобы об этом никто не догадывался, но все предпочитали умалчивать. Оказывается, по данным Всемирной организации здравоохранения, один гермафродит приходится в среднем на тридцать-сорок тысяч человек. Но в спортивных организациях их число намного выше, и тренеры упорно предпочитают определять этих так называемых двуполых людей, которые обладают как мужскими, так и женскими половыми признаками, в разряд женщин и девушек. Их выставляют на соревнованиях против обычных женщин и девушек, не имеющих в себе столь огромного количества мужских гормонов. Однако всем давно хорошо известно, что гермафродиты, так же как и транссексуалы, значительно сильнее обычных женщин. В силу этого они легко побеждают последних в спортивных состязаниях.

Еще в 1936 году на Олимпийских играх в Берлине, которые были организованы нацистами во главе с Адольфом Гитлером, в соревнованиях по прыжкам в высоту участвовала немка Дора Ратьен, занявшая четвертое место. По данным экспертов-историков спорта, спустя два года после завершения Олимпиады во время медицинского обследования компетентной комиссией было совершенно точно установлено, что Дора — самый натуральный гермафродит. После войны легкоатлетка из Чехословакии Зденка Коубова также была признана гермафродитом, и тогда ее карьера в спорте немедленно закончилась. Подобный случай произошел и в социалистической Польше: известная бегунья из Варшавы Эва Клобуковска в 1966 году выиграла на чемпионате Европы в Будапеште сразу две золотые медали и одну бронзовую, но после процедуры секс-контроля ее немедленно лишили завоеванных наград. Это унизительно, скандально и оскорбительно для чести флага, который защищает спортсменка, но зато справедливо: с женщинами и девушками должны соревноваться только женщины и девушки.

Итак, секс-контроль — это процедура проверки принадлежности спортсменки или спортсмена к тому полу, к которому они себя причисляют.

Выступление в печати австралийского профессора привело к определенным результатам. Сначала кое-где и довольно робко, а затем практически повсеместно и вполне обоснованно стали вводить секс-контроль. Особенно это относеилось к легкоатлетическим состязаниям и соревнованиям по водным видам спорта, так как именно там чаще всего были выявлены гермафродиты. В 1968 году секс-контроль был введен при проведении Олимпиад, после чего стал обязательным. Это немедленно привело к тому, что значительное число спортсменок разных стран тут же прекратили выступления на соревнованиях и вообще покинули большой спорт, перейдя в разряд тренеров. Для того чтобы не травмировать спортсменок, секс-контроль обычно проводится до начала состязаний. Если его не проходят, то диагноз врачей ставится на всю оставшуюся жизнь. Это не допинг-контроль, результаты которого вполне можно оспорить, а в случае, если ты оказался не прав, очистить организм, тренироваться, пройти контроль и вновь выйти на старт. Для гермафродитов или транссексуалов заключение секс-контроля не имеет обратного хода, в чем и заключается, пожалуй, самая большая трагедия таких спортсменов.

Были ли гермафродиты среди известных советских спортсменок? Ведущий специалист Роза Яхина говорит по этому поводу: «Конечно же, да. Спортивное руководство СССР практически никогда не интересовало, кто именно выступает на дорожках и в секторах стадионов — женщины или гермафродиты. Главное — поставить новый рекорд, поддержать и укрепить престиж советского спорта и страны, завоевать награды, медали, выиграть командные первенства. Тогда и получишь заслуженные блага от системы, выдаваемые в распределителях. И загранпоездки! Чиновники не вникали и не желали вникать в сексуально-половые проблемы большого спорта. К тому же и «сверху» им не велели это делать: выяснение истинного пола многих наших знаменитых чемпионок не принесло бы чиновникам от спорта никакой пользы, кроме жуткой головной боли и позора на весь мир. Очень известная в свое время советская спортсменка Александра Чудина выступала в составе сборной по волейболу и на соревнованиях по бегу, где ей практически не было равных — она легко побеждала соперниц, за что ее весьма высоко ценили в Спорткомитете СССР, называя «гордостью советского спорта». Но эта «гордость» чуть ли не брилась по утрам, разговаривала басом, курила «Беломор» и могла свободно пропустить стаканчик. Да и внешность... В общем, там сразу все было ясно даже человеку, не сведущему в вопросах секс-контроля и определении истинной половой принадлежности, однако на это в советское время упорно закрывали глаза, а Чудина выполняла приказ считаться женщиной-спортсменкой и приносить медали».

Бывали и такие случаи, когда подозрения судей, вопреки всей их очевидной справедливости, не подтверждались: например, в случае с победительницей Олимпийских игр 1984 года в Лос-Анджелесе и серебряной призеркой Берлинской олимпиады польской бегуньей Станиславой Волосевич, выступавшей на стометровой дистанции. Несмотря ни на что, она на протяжении многих лет успешно продолжала свою спортивную карьеру и даже... вышла замуж.

В настоящее время процедуры секс-контроля проводятся как на летних, так и на зимних Играх. От этой проверки никто никогда никого не освобождает. Исключение изредка делают только для высоких титулованных особ. Например, член королевского дома Великобритании принцесса Анна, которая много лет являлась участницей сборной команды Объединенного Королевства по конному спорту, процедуру секс-контроля обычно не проходила. А остальным, как это ни унизительно и страшно, без допуска врачей на соревнования не выйти.

В общем, информация к размышлению серьезная. Но, как бы то ни было, секс-контроль необходим, иначе спорт вместо благородного дела окончательно превратится в политизированный бизнес.

Силовое троеборье

Множество людей считает, что силовое троеборье — это старое название тяжелой атлетики, включающей в себя три основных упражнения: рывок, толчок и жим стоя. На самом деле это два совершенно разных вида спорта. Объединяет их только одно — штанга. Упражнения принципиально отличаются друг от друга. В тяжелой атлетике это рывок и толчок, а в силовом троеборье, или пауэрлифтинге, — жим лежа, становая тяга и приседания. Скорее всего, это заблуждение появилось на свет из-за названия упражнений в тяжелой атлетике середины XX века. Вот какое определение дает Большая советская энциклопедия: «Тяжелая атлетика — вид спорта, состязания в поднятии тяжестей (штанги). Современная программа официальных соревнований (с 1972 года) включает в себя рывок, толчок штанги двумя руками и сумму результатов в этих упражнениях (при рывке штанга поднимается с помоста вверх одним непрерывным движением, при толчке — в два приема: на грудь и от груди). В 1934—1972 годах было принято так называемое классическое троеборье — жим, рывок и толчок двумя руками, до 1934 года — пятиборье (жим двумя руками, рывок и толчок — одной и двумя). Официльные международные состязания (с 1977 года) — в 10 весовых категориях (до 52 кг — свыше 110 кг)».

Тяжелая атлетика имеет древнюю и славную историю. Упражнения с тяжестями с целью развития силы и рельефной мускулатуры известны с давних времен. Официальные состязания стали проводиться в США в 60-е годы XIX века. В начале 70-х годов И. Триа основал школы тяжелой атлетики в Париже и Брюсселе. В 1896 году этот вид спорта вошел в программу Олимпийских игр (кроме 1900, 1908, 1912 годов). Первый чемпионат Европы состоялся в 1896 году в Роттердаме, первый чемпионат мира — в 1898 году в Вене. В 1912 году основан Всемирный тяжелоатлетический союз, утверждены правила международных соревнований. В первой четверти XX века сильнейшими были спортсмены Франции, Германии, Австрии, Италии, США. В России зарождение тяжелой атлетики связано с именем В.Ф. Краевского, который в 1885 году в Петербурге организовал кружок любителей силы. В 80—90-е годы в Москве, Киеве, Нижнем Новгороде, Риге и других городах были созданы кружки, клубы, общества любителей тяжелой атлетики. В 1897 году в Петербурге проведен первый чемпионат России. Среди русских тяжелоатлетов-призеров чемпионатов мира есть и мировые рекордсмены — С.И. Елисеев, Г.Г. Гаккеншмидт, П. Херудзинский и Я.Я. Краузе. В 1913 году создан Всероссийский тяжелоатлетический союз. В Советском Союзе этот вид спорта начал мощно развиваться. Советские штангисты были одними из самых сильных в мире. Всем известны имена Юрия Власова, Леонида Жаботинского, Юрия Варданяна, Давида Ригерта, Василия Алексеева и многих других.

Что же касается пауэрлифтинга, то история его возникновения не столь впечатляюща. В начале 50-х годов прошлого столетия в англоязычных странах (США, Англия, Австралия) были популярны любительские соревнования по нетрадиционным видам тяжелой атлетики. Чаще всего их называли «странными». В «странное» многоборье входили такие упражнения со штангой, как приседание, жим лежа, тяга, подъем на бицепсы, жим сидя из-за головы и другие. Постепенно стали исключать некоторые виды, оставив лишь три упражнения, которые считают базовыми для силовой гимнастики: приседания, жим лежа и становая тяга. Это атлетическое троеборье и назвали пауэрлифтингом.

К середине 60-х годов были определены правила проведения соревнований и регулярно стали проводиться чемпионаты национального уровня. В 1964 году состоялся первый национальный чемпионат по силовому троеборью в США, по сути, заявивший о рождении нового вида спорта. Пауэрлифтинг был близок к официальному признанию перед Олимпиадой 1968 года в Мехико. Однако МОК тогда фактически проигнорировал его и лишь не так давно в порядке эксперимента признал силовое троеборье видом спорта. Это решение затем было отменено по настоянию руководителей Международной федерации тяжелой атлетики.

Официальные чемпионаты мира проводятся с 1972 года, чемпионаты Европы — с 1980 года. Этот вид спорта становится все более популярным, о чем свидетельствует постоянно растущее число стран-участниц международных соревнований. Так, если в 1980 году в чемпионате Европы по пауэрлифтингу среди мужчин приняли участие 13 стран, то в 1996 году их уже стало 27. Признание МОК не означало, что пауэрлифтинг должен тотчас же появиться в программе Олимпиад, однако в 1996 году в рамках Олимпиады в Атланте проводились Панолимпийские состязания по силовому троеборью среди инвалидов, что является большим вкладом в развитие данного вида спорта.

Международная федерация пауэрлифтинга добивается включения силового троеборья в программу Олимпийских игр. В 1998 году в Москве состоялась встреча тогдашнего президента Олимпийского комитета Хуана Антонио Самаранча с президентом Международной федерации пауэрлифтинга В.В. Богачевым, на которой поднимался вопрос о признании этого вида спорта.

Наибольшего развития пауэрлифтинг достиг на своей родине — в США. Здесь существует целых 8 федераций, которые отличаются отношением к применению анаболических стероидов (допинга) спортсменами, что является серьезной этической проблемой и главной причиной непринятия силового троеборья в олимпийские виды спорта, поскольку нет единства федераций.

В Международной федерации пауэрлифтинга (IPF) представлена лишь одна — Федерация пауэрлифтинга США (USPF), которая посылает своих атлетов на чемпионаты мира с обязательным допинг-контролем. В нашей стране силовое троеборье стало официальным видом спорта в 1987 году, когда была образована Федерация атлетизма СССР, в президиуме которой и была создана комиссия по пауэрлифтингу. Наш опыт совмещения культуризма и силового троеборья был, конечно, не нов. В Чехословакии, Франции, Италии, Польше, Бразилии и многих других странах федерации культуризма и пауэрлифтинга представляют собой единое целое. В Бельгии, ФРГ, Англии, Швеции, Югославии этот вид спорта входит в состав тяжелой атлетики. В 1990 году образована самостоятельная Федерация пауэрлифтинга СССР. В 1992 году в датском городе Хорсенсе состоялся конгресс Европейской федерации, на котором Федерация пауэрлифтинга России стала ее полноправным членом.

Развит этот вид спорта и на Украине. Украинские «лифтеры» сейчас одни из самых сильных в мире. Чего стоит только один Виталий Папазов, двадцатидвухлетний тяжеловес из пгт Мангуш Донецкой области! На последнем чемпионате мира в Финляндии он стал абсолютным чемпионом, набрав в сумме трех упражнений 1047,5 кг (за последнее десятилетие никто более 1045 кг набрать не мог). Президент Международной федерации пауэрлифтинга Норберт Веллюх объявил на турнире, что Виталий Папазов из Украины — самый сильный человек планеты.

Принципиальное отличие тяжелой атлетики от силового троеборья заключается в том, что тяжелоатлеты используют взрывную силу при выполнении рывков и толчков, а пауэрлифтеры — так называемую тягучую при жиме, тяге и приседе. Так что смешивать их по меньшей мере неправильно.

Скелетон

Многие считают, что скелетон — это всего лишь разновидность бобслея, причем придуманная относительно недавно — в эпоху всеобщего увлечения экстремальными видами спорта. На самом деле это не совсем так. Скелетон (от английского skeleton — «скелет, каркас») — это один из видов скоростного спуска на усовершенствованных санях, также называемых скелетонами. Впервые они были разработаны в 1887 году в швейцарском городе Сент-Мориц. Руль у них отсутствует, потому что для управления спортсмен использует шипы на носках ботинок. Вес снаряда достигает 43 кг в мужском скелетоне и 35 кг в женском, длина составляет 70 см, а ширина, соответственно, 38 см. Как и в бобслее, сначала скелетонист разгоняет сани на участке длиной 40—50 м, а затем ложится на них, но головой вперед, а не назад, как в санном спорте.

Да, действительно, долгое время этот вид спорта существовал как разновидность бобслея. Ассоциации скелетона в Австрии, Швейцарии, Канаде и других странах входили в федерации бобслея. Дважды скелетон включался в программу зимних Олимпиад — в 1924 и 1948 годах, но затем надолго Игры покинул, оставаясь «младшим братом» санного спорта и бобслея. Однако в последнее время интерес к зимним видам спорта, а особенно, как уже говорилось, к экстремальным, существенно вырос, поэтому скелетон вернули в программу Белых игр.

После того как Международный олимпийский комитет стал активно протестовать против чрезмерного «разбухания» программы летних Игр, представители зимних видов спорта обнаружили, что их Олимпиада может позволить себе, так сказать, «подрасти». Но чтобы оградить Белые игры от проникновения на них шахмат или, например, бриджа, МОК занял жесткую по-

зицию: зимний спорт — это соревнования, проводимые на снегу или на льду. Скелетон в эту концепцию вписался идеально и с помощью «старшего брата» — бобслея — был включен в олимпийскую программу без особых споров. Главным аргументом был следующий: санно-бобслейные трассы — это крайне дорогое сооружение, поэтому использовать их надо с максимальной загрузкой, и если возможно проводить на них скелетон, то давайте его проводить. Появление этого вида спорта в олимпийской программе с большой радостью было воспринято спортсменами «бедных» стран, не имеющих собственных искусственных трасс. Скелетон дешевле бобслея, а золотые олимпийские медали, как говорится, весят одинаково. Примерно такой же логике следовали руководители Российской федерации бобслея, которым три года назад выпало поднимать этот вид спорта в нашей стране. Бобслей и скелетон к тому времени находились в России примерно в одинаковом состоянии. Разница состояла лишь в том, что первый имел довольно славную историю, а второй начинался с чистого листа. Скелетон на сегодняшний день — некоммерческий спорт. Если бобслей охотно показывают по телевизору (на бобы можно поместить много рекламы), то со скелетоном дело обстоит иначе. Вернувшийся к полному формату (с Кубком и чемпионатом мира) лишь в 1996 году, он существует, главным образом, за счет дотаций от бобслея. Профессионалов в этом виде спорта пока в мире практически нет. Известная российская спортсменка Екатерина Миронова работает журналистом на радиостанции, правда внештатным.

Сколько рекордов?

Множество людей считает легендарного Юрия Власова обладателем наибольшего количества рекордов среди советских тяжелоатлетов. На самом деле эта заслуга принадлежит другому выдающемуся спортсмену Василию Алексееву. У Власова «всего лишь» 31 мировой рекорд, а у Алексеева — 79.

Среди советских штангистов Василий Иванович обращал на себя внимание сразу по нескольким причинам. Во-первых, он начал серьезно заниматься со штангой только после 20 лет, в то время у него уже было двое детей. Во-вторых, Алексеев продолжил тренировки после серьезнейшей травмы спины, ослушавшись врачей, пророчивших ему инвалидность. В-третьих, Василий Иванович занимался по своим собственным схемам, что не понравилось его наставникам. Тогда он решился на беспрецедентный шаг — отказался от тренеров вообще и, несмотря на это, начал покорять вершины мировой тяжелой атлетики. В 1968 году абсолютно неожиданно для всех никому не известный Василий Алексеев занимает на чемпионате СССР 3-е место. По-

сле этого успеха спортсмен был приглашен в олимпийскую сборную, но методика его тренировки здесь не нашла поддержки (занимаясь, Василий Алексеев поднимал небольшие веса), и из команды его исключили. В 1970 году атлет бил рекорд за рекордом, а в марте 1970 года, выступая на международных соревнованиях на Кубок дружбы в минском Дворце спорта, он впервые в мире набрал в троеборье 600 кг. На Олимпийских играх в Мюнхене этот показатель составил 640 кг. Немного позже из программы соревнований был исключен жим, остались лишь рывок и толчок. Василий Иванович уверенно говорит о причине этого: «В остальных движениях соперники находились достаточно близко, а в жиме я был для них недосягаем». На Олимпийских играх в Монреале Алексеев вновь стал чемпионом: в рывке он поднял 185 кг — новый олимпийский рекорд, в толчке же спортсмен установил мировой рекорд — 255 кг. В сумме все это составило олимпийский рекорд — 440 кг. На XXII Олимпиаде в Москве В. Алексеев не осилил начального веса, что стало главной сенсацией тяжелоатлетического турнира. Неудачу спортсмена объясняют его долгим отсутствием на помосте после травмы, полученной за 2 года до этого на первенстве мира в Геттисберге (США). С. Рахманов повторил олимпийский рекорд Алексеева (440 кг), став чемпионом XXII Олимпийских игр.

«Собачий» спорт

Многие из нас любят собак. Воспитываем мы своих любимцев по-разному: правильно и неправильно, жестко и любя. Те из нас, кто воспитывает свою собаку неправильно, то есть без учета кинологических стандартов, или не воспитывает совсем, даже и не подозревают о том, что кинология — это не только наука о собаках, но и очень популярный вид спорта.

Спортсменами-участниками являются как собаки, так и их хозяева. На сегодняшний день понятие «кинологический спорт» имеет совершенно определенное значение и включает в себя 7 дисциплин: аджилити, летнее и зимнее многоборье, академическое и современное двоеборье, гонки на собаках и фристайл, многие из которых зародились в других странах, а некоторые имеют свои корни в России.

Первый российский чемпионат по кинологическому спорту прошел в 1995 году в Москве на малой спортивной арене «Динамо». В этих состязаниях приняли участие более 200 спортсменов. С тех пор всероссийские соревнования проводятся ежегодно в разных регионах страны. В 2000 году Российская лига кинологов была зарегистрирована Олимпийским комитетом России как спортивный союз, имеющий полномочия на развитие кинологического спорта на федеральном уровне и представление интересов данного вида спорта в соответствующей международной федераций. В этом же году РЛК была официально зарегистрирована Комитетом национальных неолимпийских видов спорта (КННС), а также Международной федерацией кинологического спорта (IFCS).

Каждая из дисциплин имеет свою историю развития и становления. КННС дает им следующую характеристику.

Аджилити (в переводе с английского — «проворство») зародилось в Великобритании в 1978 году на базе конного спорта, с которым имеет много общего. В этой дисциплине собака под управлением спортсмена преодолевает трассу с разнообразными препятствиями, сформированными на ринге, минимальные размеры которого 20х0 м. Сначала соревнования по аджилити проводились в качестве показательных конкурсов на крупнейшей английской выставке «Крафт», а через несколько лет получили распространение как самостоятельные мероприятия. Спустя некоторое время этот вид кинологического спорта попал на Американский континент. Президент Ассоциации аджилити США (USDAA) Кеннет Татч после обучения у одного из основоположников этой дисциплины Питера Льюиса разработал систему соревнований, и в 1988 году был разыгран первый Гран-при по аджилити. Сейчас это крупнейшее международное мероприятие в Америке. В Гран-при 2001 года приняли участие представители 10 стран, в том числе и европейских. Такие виды кинологического спорта, как летнее и зимнее многоборье, а также академическое и современное двоеборье, ранее развивались в странах бывшего СНГ, поэтому широко распространены на территории СНГ и Балтии. Правила этих видов кинологического спорта разрабатывались на базе богатого опыта отечественных силовых структур (МВД, Минобороны и др.), а также ДОСААФ.

Зимнее многоборье включает в себя буксировку лыжника собакой на дистанции 800 м с выполнением различных упражнений (слалом, стрельба и т.д.). Летнее многоборье включает в себя бег с собакой на дистанцию 100 м, полосу препятствий, задержание «нарушителя» и стрельбу. Академическое двоеборье, как и современное, включает в себя различные упражнения, при выполнении которых спортсмен демонстрирует выучку собаки. В настоящее время летним многоборьем серьезно заинтересовались национальные спортивные ассоциации США и Швеции.

Дисциплина под названием «фристайл» (Прим. ред.: freestyle в буквальном переводе с английского «свободный стиль»; к горнолыжному спорту, само собой, собаки никакого отношения не имеют) зародилась в США, где на выставках животных сначала проводились показательные выступления. В этом виде спорта спортсмен под музыкальное сопровождение демонстрирует элементы дрессировки (прыжки собаки, различные движения и т.п.). Во фристайле важны как чистота работы животного, так и хореографическое мастерство спортсмена. Этот вид спорта находится в стадии становления как в России, так и за рубежом.

Создатель самбо

Самбо — самозащита без оружия. Мы думаем, что создателем этой эффективной и самобытной борьбы был Анатолий Харлампиев. Возникновению данного мнения во многом способствовал фильм «Непобедимый» — культовая советская лента 80-х годов с Андреем Ростоцким в главной роли. Он настолько хорошо сыграл Харлампиева, что все мальчишки того времени бросились в ближайшие секции самбо с мечтой тоже стать «непобедимыми». Но на самом деле самбо изобрел не Харлампиев. Это заслуга Василия Сергеевича Ощепкова, о котором официальная власть «забыла» из-за того, что он в свое время был репрессирован. Но обо всем по порядку.

Родился Василий Сергеевич в декабре 1892 года на Сахалине. Мать его была арестанткой, из-за чего Ощепков с детства носил сразу два клейма: незаконнорожденного и сына каторжанки. Вдобавок, к 11 годам мальчик осиротел, и кто знает, как бы в дальнейшем сложилась судьба Васи, если бы на его пути не повстречался замечательный человек — архиепископ японский Преосвященный Николай, который создал в Японии несколько учебных заведений. В одно из них и попал 14-летний Вася Ощепков. Это была духовная семинария в Киото. Поскольку отец Николай был человеком широких взглядов, он не запрещал семинаристам заниматься исконно японскими единоборствами, например дзюдо. Ощепкову сразу понравилась эта борьба, и он с головой окунулся в ее изучение. Причем Василий Сергеевич не только успешно окончил школу дзюдо кодокан, но и после ее окончания сразу стал претендовать на степень мастера. Всего 6 месяцев потребовалось Василию, чтобы получить первый дан и вместе с ним легендарный черный пояс. Особо надо отметить, что японцы в то время присваивали степени мастерства иностранцам очень неохотно. Так, Ощепков стал всего лишь четвертым европейцем, получившим черный пояс. А если учесть, что позже он получил и второй дан — следующую степень мастерства, то можно понять, какой уровень подготовки был у Василия Сергеевича.

После возвращения в Россию Ощепков начал работать военным переводчиком, поскольку знал не только японский, но и английский язык. А так как Василий Сергеевич был первым мастером дзюдо в нашей стране, он начал делиться своими знаниями со всеми желающими, большей частью с молодежью. В 20-е годы Ощепков стал разведчиком. Сначала на Сахалине, а потом и в Токио он под видом владельца кинотеатра собирал сведения о японской армии. Но в 1926 году был отозван и поселился в Новосибирске. На свой родной Дальний Восток он больше никогда не возвращался. Приказом Реввоенсовета СССР был назначен военным переводчиком в один из отделов штаба Сибирского военного округа. Но в то время борьба начала занимать в его жизни все большее место, и Василий Сергеевич начал тренировать. Благодаря заместителю инспектора вневойсковой и физической подготовки Красной Армии Борису Сергеевичу Кальпусу искусство самозащиты, культивируемое Ощепковым, начало набирать обороты. Когда же Кальпус узнал о деятельности Ощепкова в новосибирских военных и динамовских организациях, он, оценив значение этой борьбы для физической подготовки солдат, пригласил Ощепкова в Москву. Тот принял приглашение, и в конце 1929 года были созданы курсы для начальствующего состава Московского гарнизона с целью

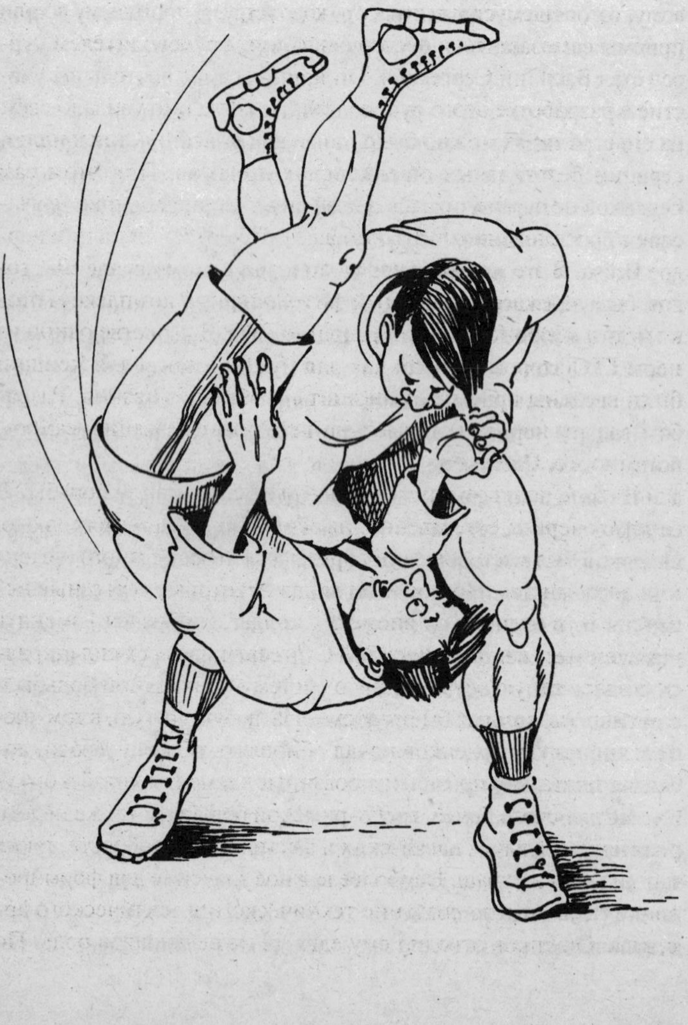

подготовки к организации обучения рукопашному бою по новому, готовящемуся к выпуску руководству. В программу вошли приемы самозащиты и обезоруживания, а руководителем курсов стал Василий Сергеевич. Он принял самое деятельное участие в разработке этого руководства, и когда оно увидело свет, на его страницах можно было найти как описания, так и иллюстрации безотказных ощепковских приемов. При этом сам Ощепков не ограничивался одной лишь теорией, а приняв участие в соревнованиях по рукопашному бою, занял на них первое место. В это же самое время, то есть в самом начале 30-х годов, был учрежден знаменитый физкультурный комплекс «Готов к труду и обороне», или сокращенно ГТО. В качестве одной из норм ГТО второй ступени как для мужчин, так и для женщин были введены приемы самозащиты и обезоруживания. Разрабатывал эти нормы, которые получили позже название «самбо», конечно же, Ощепков.

На базе чего возник этот новый вид спортивной борьбы? В первую очередь, естественно, на основных положениях дзюдо. Ощепков был мастером этой борьбы и знал все ее многочисленные достоинства. Но также он видел некоторые серьезные недочеты и, в отличие от японских коллег, не боялся изменять «священные» каноны. Василий Сергеевич изо всех сил старался создать самую эффективную систему прикладной борьбы и самозащиты, которая бы превосходила любую другую, в том числе и японскую. Ощепков начал обновлять технику дзюдо, добавляя тщательно проанализированные элементы китайского ушу, английского бокса, греко-римской борьбы, а также целого ряда национальных кавказских и азиатских единоборств, таких как чидаоба и кураш. Наиболее важное значение для формирования самбо имело создание технического и тактического арсенала. Ощепков отводил ему едва ли не решающую роль. По этому вопросу он говорил: «...борьбу следует не просто пассивно изучать, но и добиться применения ее в деле укрепления обороноспособности нашей страны, обогатив достижениями в смысле методики изучения и техники выполнения ее приемов».

Все знают, что 1937 год был годом страшных репрессий и ночных арестов. В первую очередь арестовывали тех, кто когда-либо жил за границей, а Ощепков был именно таким человеком. В ночь на первое октября его арестовали, и всего через десять дней он скончался в камере Бутырской тюрьмы. Было ему 44 года — самый расцвет творческих сил. Мастер ушел, но приемы, которые он разработал, остались.

После войны в самбо появился новый лидер — ощепковский ученик второго поколения Анатолий Харлампиев. Он был самым способным и деятельным учеником Василия Сергеевича, но отнюдь не самым порядочным. Несправедливо было бы отрицать его несомненные заслуги в развитии самообороны без оружия, но нельзя умалчивать и о том, что он, воспользовавшись арестом и смертью своего учителя, стал выдавать себя за создателя самбо. Он был неплохим профессионалом, но его человеческие качества оставляли желать лучшего. Даже после посмертной реабилитации Ощепкова Харлампиев не сказал правды. Ну да Бог ему судья. В наше время благодаря очень активной деятельности известного самбиста и писателя Михаила Лукашева имя Василия Сергеевича Ощепкова, истинного Мастера и родоначальника новой борьбы, стало известно всем.

Спонсоры и спорт

Считается, что в сфере спортивного спонсирования вращаются довольно большие средства, за счет которых и существуют различные спортивные организации. На самом деле это далеко не так. Деньги, конечно, вращаются, и если речь идет о международном спорте, то немалые. Однако спонсорские средства для развития спорта в отдельно взятых странах, даже развитых, очень невелики.

Многие считают, что немецкие футбольные клубы получают сумасшедшие деньги от своих спонсоров. В действительности эти средства на данный момент не превышают 10 % бюджета клубов. Мюнхенская «Бавария» получает от своего главного спонсора — фирмы «Опель» — только 5 % общего бюджета клуба в 120 миллионов марок, то есть 6 миллионов. А спортивно-оздоровительные общества Германии вообще не имеют спонсоров, а живут в основном за счет членских взносов. В 1993 году Европейская спортивная неправительственная организация провела исследование, которое показало, что спонсорские вклады в бюджетах национальных спортивных федераций Германии составляют всего 23 %. Известный немецкий специалист И. Гизелер пишет: «От мифа «спонсирование», так сильно муссируемого средствами массовой информации, остается немного. Большая часть денег из средств спонсоров проходит мимо спорта. Прежде всего, 10—20 % попадают к агентствам-посредникам. Далее — налоги, затраты на само спонсирование. Ну а остальное достается только некоторым из видов спорта — теннису, автогонкам, футболу, конному спорту, поскольку фирмы-спонсоры ищут в спорте не только укрепление своего престижа, но и целевую группу потребителей своей продукции».

Раньше принципы спонсорства в корне отличались от нынешних. Сейчас фирмы перестали вкладывать деньги просто в какой-то вид спорта вообще, они хотят спонсировать какое-то конкретное мероприятие, спортсмена или спортивный проект. Допустим, Битсбцургская пивоварня в 1996 году выплатила

Михаэлю Шумахеру 12 миллионов марок, а спортивно-оздоровительному союзу города Рейнланд-Пфальц всего 50 тысяч марок. Происходит это так потому, что спонсорство — это экономическое понятие. Экономика подчинена законам рынка, а спорт представляет в первую очередь интересы спортсменов и зрителей. И, конечно, спонсорам выгоднее вкладывать средства в отдельных известных спортсменов или известные клубы, чем в виды спорта вообще. Специалисты считают, что расходы на развитие спорта должны покрываться за счет государственных средств, а не спонсорских, потому что спорт должен пропагандировать здоровье, силу, красоту, а также другие ценности, столь необходимые обществу. В случае же финансовой зависимости от спонсоров появляется опасность девальвации спортивных ценностей.

Некоторую часть доходов спортивных организаций составляют поступления от населения (членские взносы, приобретение билетов на матчи и соревнования, предоставление услуг и т.п.). В ряде видов спорта, особенно в странах бывшего СССР, они составляют до 90 % бюджета.

Основные доходы, особенно при организации зрелищных соревнований, дает телевидение. Право на трансляцию боя между Майком Тайсоном и Леннoксом Льюисом купили более 200 мировых телеканалов. А за просмотр этого поединка в прямом эфире по кабельным каналам каждый зритель должен был заплатить 60 долларов. Так что прибыль от проведения этого боя была огромна. Подобным образом дело обстоит и с чемпионатами по футболу, хоккею, баскетболу и другим популярным видам спорта.

Поэтому под влиянием запросов телевизионного бизнеса многие спортивные организации соглашаются на изменение правил соревнований с тем, чтобы сделать свой вид спорта более зрелищным и привлекательным. Это коснулось, в частности, баскетбола, водного поло, вольной борьбы.

Когда мы говорим о финансовом воздействии телевидения на олимпийские виды спорта, следует обратить внимание на путь, который прошел, например, американский профессиональный спорт. Значение телевидения для его развития трудно переоценить. Сегодня в профессиональном баскетболе, бейсболе и американском футболе доходы от телевидения — один из основных источников их развития. Именно благодаря им резко возросла заработная плата профессиональных спортсменов. Если в 1986 году средняя зарплата профессиональных баскетболистов НБА и бейсболистов ГБЛ составляла примерно 350 тысяч долларов в год, то уже через 10 лет, в 1996 году, она приблизилась к 1,5 миллиона долларов.

К сожалению, схема сотрудничества спорта и телевидения полностью работает только в экономически развитых государствах. В странах бывшего СССР большинство телеканалов, наоборот, требует деньги за трансляцию соревнований.

Спорт и политика

Иногда можно услышать мнение, что спорт аполитичен, то есть не имеет к политике никакого отношения. Это заблуждение.

Он, как одна из составных частей общественной жизни, может существовать только в очень тесной взаимосвязи со всей политико-экономической системой государственной машины. И хотя лозунг «Спорт вне политики» был и остается довольно популярным идеологическим клише, вся современная практика свидетельствует о тесной связи этих двух составляющих общественной жизни. Даже Пьер де Кубертен — человек, приложивший немало усилий для возрождения олимпийского движения, — на словах отстаивая независимость спорта от политики, на деле стремился воспользоваться им для укрепления мира и взаимопонимания между народами, а также для развития международного сотрудничества. Либеральной буржуазии, оказавшейся в конце XIX — начале XX века у руководства олимпийским движением, концепция «спорт вне политики» была нужна прежде всего из тактических соображений. Чтобы сделать олимпийское движение широким международным явлением, необходимо было оставаться в стороне от политических амбиций правительств различных стран, опираться на интернациональные интересы.

После Первой мировой войны Пьер де Кубертен пытался оградить олимпийское движение от влияния политики, говоря о том, что политические проблемы не должны переноситься в олимпийские залы. Однако члены МОК, которые представляли страны-победительницы, упорно настаивали на исключении из олимпийского движения стран, проигравших войну, а также Советской России. На заседании в Лозанне в 1919 году Игры VII Олимпиады перенесли из Будапешта в Антверпен. Чтобы избежать политических решений, которые были связаны с участием в Олимпийских играх Германии и ее союзников, а также Советской России, МОК передал право приглашения на Игры городу-организатору, который и наложил вето на участие в Олимпиаде этих стран. Вся история большого спорта в целом, и особенно олимпийского движения, убедительно показала, что идея изоляции спорта от политики часто использовалась ради достижения тех или иных политических целей. Можно вспомнить правительство ЮАР, стремившееся в 70—80-е годы посредством спорта выйти из политической изоляции.

Спортивные результаты

Спортивные результаты улучшаются из года в год*. Считается, что это следствие новых, прогрессивных тренировочных методик. На самом деле все обстоит несколько иначе. Да, не стоит сбрасывать со счетов некоторые новые методические и технические принципы. Но главная причина улучшения спортивных результатов — новая фармакология. К сожалению,

---

*Примечание: возьмем для примера такой вид спорта, как плавание. В 1896 году на Олимпиаде в Афинах лучший результат в плавании вольным стилем на 100 м составил 1.22,2 мин, в 1904 году в Сент-Луисе лучший результат — 1.02,8 мин., в 1920 году в Антверпене — 1.01,4 мин., в 1924 году в Париже — 59,0 с, в 1936 году в Берлине — 57,6 с, в 1960 году в Риме — 55,2 с, в 1992 году в Барселоне — 49,02 с.

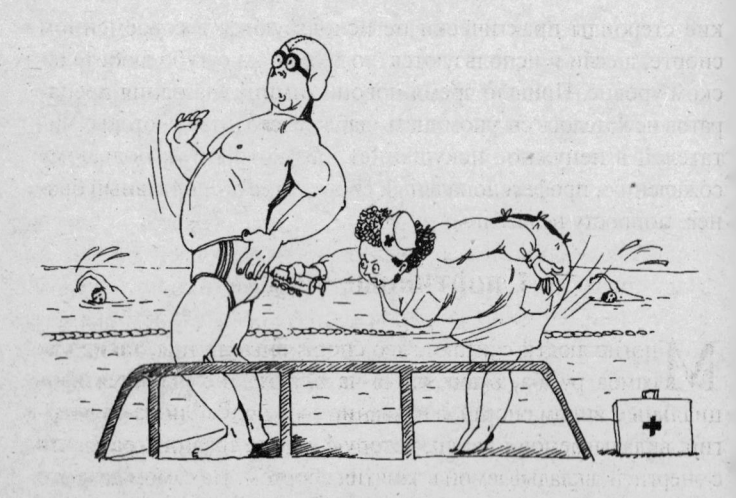

именно благодаря всевозможным допингам ставятся новые рекорды. Под допингами подразумеваются не только банальные стероиды, но и модный ныне соматотропин — гормон роста, благодаря специальным схемам приема которого могут расти как мышцы (то есть увеличение силы от объемов), так и кости (увеличение роста, например у баскетболистов); инсулиноподобные препараты, которые ускоряют обмен веществ, благодаря чему увеличивается усвоение белков, углеводов и аминокислот; всевозможные возбуждающие (эфедрин, кофеин) и даже болеутоляющие средства.

В 70-х годах спортсменам, по большому счету, были знакомы только дианобол и декадураболил, иначе метандростенолон и ретаболил — анаболические стероидные препараты, способствующие наращиванию мышечной массы и увеличению мышечной активности. Но времена, когда спортсмен горстями ел «метан» и колол «реташку», канули в лету. Эти достаточно мягкие стероиды практически не используются в современном спорте, а если и используются, то только на сугубо любительском уровне. Пришло время новой «химии» (названия препаратов не хотелось бы упоминать, дабы не вводить некоторых читателей в ненужное искушение), без которой, к большому сожалению, профессиональный спорт, то есть спортивный бизнес, попросту немыслим.

Спортивные танцы

Многие людей считают, что спортивные танцы, такие как самба, румба, джайв, ча-ча-ча и другие, не являются официальным видом спорта, а название свое получили из-за энергии, вкладываемой в танец, которую можно сравнить разве что с энергией, вкладываемой в занятия спортом. На самом деле это не так. Спортивные танцы имеют уникальную историю, которая во многом определила их популярность в качестве способа отдыха, а также соревновательного вида спорта.

Спортивные танцы в том виде, в каком мы знаем их сегодня, появились на свет в Англии в конце XVIII — начале XIX века. В то время танцы были привилегией высшего общества, неотъемлемой чертой великосветских балов. На рубеже XIX—XX веков они обрели популярность среди низших слоев общества, которые посещали публичные танцевальные залы. В начале 20-х годов прошлого столетия получили развитие соревнования по бальным танцам. А в 1924 году в Великобритании при Имперском обществе учителей танца было создано отделение бальных танцев. Его задачей была выработка стандартов на музыку, шаги и технику исполнения. Постепенно спортивные танцы распространились в странах Европы, достигли Азии и Америки. Раньше они считались родом искусства. Сегодня принято рас-

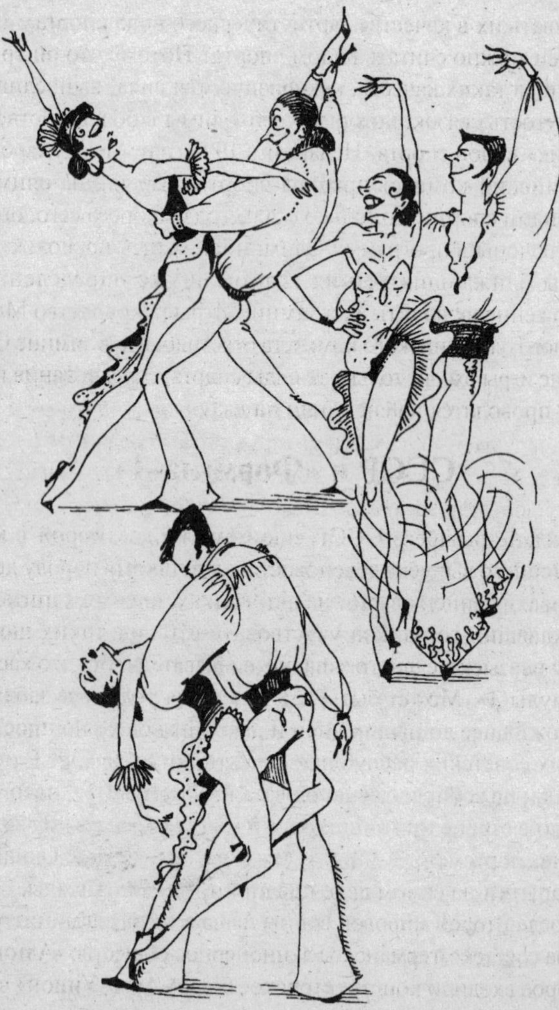

сматривать их в качестве «артистического вида спорта». Почему танец можно считать видом спорта? Потому что он требует от танцора таких качеств, как физическая сила, выносливость, растянутость связок, которые необходимы в большинстве «настоящих» видов спорта. Недаром в 1997 году Международный олимпийский комитет признал спортивные танцы олимпийским видом спорта. Но только с 2008 года, скорее всего, они будут включены в программу Олимпийских игр, поскольку программы ближайших летних Игр были уже определены. На предложение включить их в зимние Игры руководство Международного олимпийского комитета ответило, что в зимние Олимпийские игры входят только те виды спорта, соревнования по которым проводятся на снегу или на льду.

СССР и «Формула-1»

Граждане бывшего СССР еще помнят, как порой в конце вечернего выпуска теленовостей советскому народу демонстрировали записи аварий на автогонках, клеймя капитализм, вынуждавший гонщиков участвовать в таких диких шоу для услады невзыскательного западного обывателя. Все это касалось «Формулы-1». Может быть, именно тогда родилось заблуждение, дожившее до наших дней и разгуливающее по просторам бывших советских республик: дескать, никогда СССР не участвовал и не собирался участвовать в «Формуле-1», потому что не было в стране ни гонщиков, ни машин. Действительно, советские спортсмены в «Формуле» не участвовали. Однако такие попытки на самом деле предпринимались трижды.

После Второй мировой войны наша военная администрация создала советско-германское акционерное общество «Автовело», в которое входили конструкторское бюро «Ауто-Унион» в Хемнице, заводы БМВ в Айзенахе и «Симсон» в Зуле. КБ «Ауто-Унион» переименовали в научно-техническое бюро автостроения (НТБА) и поставили перед ним весьма сложную задачу сконструировать и испытать гоночный автомобиль для участия в чемпионате мира по «Формуле-1», который начал проводиться с 1950 года. Знатокам автоспорта известно, что в течение восьми довоенных лет «Ауто-Унион» производило отличные гоночные машины, которые выиграли в 30-х годах 39 гонок. «Потомка» этих легендарных автомобилей и создали в НТБА: 12-цилиндровый двигатель объемом 1 992 куб. см мощностью 152 л.с. при 8 000 об/мин; 5-ступенчатая коробка передач, а также (впервые в мире!) торсионная подвеска всех колес (вместо пружинной или рессорной); масса без горючего и гонщика 632 кг; скорость до 260 км/ч. Называлась машина «Сокол-650». На испытаниях в 1952 году стало ясно, что автомобиль может конкурировать с лидировавшими тогда «Феррари» и «Мазератти». Однако один из двух «Соколов» неудачно выступил в первенстве Москвы: подвел неотрегулированный двигатель. Почему тогда машины стали музейными экспонатами, неизвестно. По своим характеристикам «Сокол-650» мог достойно соперничать с лучшими моделями до сезона 1954 года. Это была наиболее удачная из трех попыток с высокими шансами на успех.

Вторая попытка прорваться в «Формулу-1» была предпринята на МЗМА (впоследствии АЗЛК). В 1963 году были собраны 3 экземпляра машины с названием «Москвич-Г4». В это время в «Формуле» уже изменили правила: объем двигателя ограничили 1,5 л, наддув был запрещен. Конструкторы соединили четыре 2-цилиндровых двигателя гоночного мотоцикла «Восток-С360». Теоретически силовой агрегат должен был иметь мощность более 200 л.с. при 10 200 об/мин. Лучшие моторы того времени — «Ковентри-Клаймакс-ФУМВ», «Феррари-158» — при 9 000—10

000 об/мин имели мощность 200—210 л.с. Двигатель советской машины еще не был готов, когда условия гоночной «Формулы-1» снова изменились: объем увеличили до 3 л.

Третью попытку предприняли значительно позже, причем путь в «Формулу-1» был избран совершенно другой. Не секрет, что все команды получают средства на участие в чемпионате мира от рекламодателей и спонсоров. Таким образом, состоятельный заказчик может сначала внедрить своего гонщика в уже существующую команду, а затем постепенно заменить на его машине корпус, обтекатели, сиденья, колеса, топливные баки, радиатор продукцией отечественных заводов. В следующем сезоне разрешается поменять шестерни, коленвал и так далее. Постепенно можно превратить иностранный автомобиль в отечественный примерно на 70 %, то есть получить свой автомобиль и свою команду.

Летом 1990 года в Москве и Ленинграде прошли презентации итальянской гоночной команды «Лайф». Она располагала 1 автомобилем, 3 запасными моторами, а также спортсменом Бруно Джаномелли. Новым спонсором «Лайфа» выступил созданный советским гонщиком Михаилом Пиковским кооператив «Пик». Однако команда в том же сезоне потерпела крах: машина «Лайф-Пик» не была допущена даже к официальным тренировкам. Тогда в отборочном этапе участвовали 38—40 гонщиков, и лишь 26 из них получали право пройти дальше. Бруно Джаномелли на «Лайф-Пике» не смог занять выше 39 места.

Стадион

Все мы знаем то, что стадионы круглые или овальные. Спросите любого человека, какую форму имел первый из них, и подавляющее большинство ответит, что круглую. В действительности это не так. Прототипами этих современных сооружений были древнегреческие стадионы эллинского периода в Олимпии, Афинах, Дельфах и других городах, предназначенные для проведения Олимпийских игр и других спортивных соревнований. Они имели прямоугольную или подковообразную вытянутую арену, вдоль которой были расположены места для зрителей.

Этимология слова «стадион» восходит к греческому языку, где оно обозначало «место для состязаний». Это спортивное сооружение, имеющее в своем составе основное поле, а также трибуны для зрителей, площадки для игр и гимнастики со вспомогательными сооружениями и помещениями. Благодаря возрождению Олимпийских игр в 1894 году появился серьезный стимул для строительства новых стадионов. В 1896 году для проведения Игр в Греции был возрожден античный афинский стадион.

В отличие от древних стадионов, современные являются не только местом проведения соревнований, но и целым комплексом сооружений для оздоровительных и учебно-тренировочных занятий самыми разными видами спорта. В 50—60-е годы XX века получили распространение крытые стадионы, самый известный из которых — «Мараканья» в Рио-де-Жанейро, построенный в 1950 году. На данный момент на территории бывшего Советского Союза находится более 3 тысяч стадионов с трибунами, способными вместить от 5 до 100 тысяч человек.

Таврели

Считается, что русские шахматы — таврели — игра, производная от классических индийских шахмат. На самом деле это далеко не так. Они древнее классических на целых 2 000 лет. Впервые таврели попали в руки ученых при раскопках старой Рязани в 1958 году. Их находили в скифских курганах Приазовья, в Новгородских землях, на Черниговщине. Некоторые доски и фигуры датируются IX—X веками, а упоминание о таврелях есть в былинах о Садко и Владимире Красное Солнышко.

Теннис и старость

Говорят, что люди пожилые играть в теннис не могут, поскольку он требует достаточно больших энергозатрат. На самом деле играть в теннис никогда не поздно. Наоборот, в этом возрасте он может быть рекомендован в качестве уникального средства для поддержания здоровья и бодрости духа. Специалисты советуют людям в возрасте старше 60 лет играть только лишь в парном разряде. Известный австралийский теннисист Р. Лейвер по этому поводу пишет: «В отличие от одиночных игр, парная требует меньше усилий и позволяет играть в теннис до глубокой старости. В то же время нет в данном случае лучшего игрока, чем тот, кто достиг уже зрелого возраста, ибо это искусство, которое требует игровой хитрости, самоконтроля и воли. Лентяям здесь делать нечего».

Примеров того, что в теннис могут играть пожилые и совсем старые люди, множество. Так, пекинский житель по имени Пак Суньчен начал играть, когда ему было 79 лет, и сейчас, в 108 лет, он каждый день приходит на корты, изумляя окружающих своей филигранной игрой. Известные украинские академики Ю.А. Митропольский и Б.Е. Патон, несмотря на свой 70-летний возраст, посвящают теннису несколько полноценных тренировок в неделю. Австралийская чемпионка Эмилия Уэстэлкот свой первый чемпионат Австралии выиграла в 1930 году, а плодотворно играла до конца 70-х. Француз Жан Боротра в 59 лет выступал на Уимблдонском турнире, а в 70 лет играл на открытом чемпионате Франции. Англичанин Артур Гор поставил своеобразный рекорд, победив на Уимблдонских кортах в 41 год.

В теннис, при правильном подходе, можно играть всю жизнь.

Теннис — спорт для избранных?

Почему-то считается, будто занятия теннисом — прерогатива элиты. Так ли это? Конечно же, нет! Правда, на протяжении всей своей истории теннис периодически попадал в разряд «аристократических» видов спорта. Российский теннис официально появился на свет 28 августа 1878 года. В этот день был принят «Манифест о всемерном развитии лаун-тенниса в России». Сразу после революции и Гражданской войны к теннисистам относились с изрядной долей подозрения и презрения, ведь они выходили на корт в белых брюках или шортах, что, конечно же, вызывало справедливый гнев рабочего класса. Тем не менее уже в 20-х годах XX века всесоюзный журнал «Вестник физической культуры» писал: «Пора отбросить предрассудки и продвигать теннис в массы как игру полезную и нужную для пролетариата». А журнал «Физкультура и спорт» высказался следующим образом: «Пора перестать заниматься ребяческими разговорами о «белобрючниках». Рабочий, вышедший на корт в белых брюках или в трусиках, от этого никогда не утеряет своего классового сознания...»

Часто можно услышать о том, что увлечение этим видом спорта «вылетает в копеечку». На самом деле это заблуждение. Хороший футбольный мяч или бутсы стоят столько же, сколько и хорошая теннисная ракетка. А теннисный мяч можно приобрести за неизмеримо меньшие деньги, чем, например, баскетбольный. Известный тренер Шамиль Тарпищев на вопрос об элитарности данной игры отвечает: «Спорт для избранных? Нет! Конечно же, нет! В 50—70-е годы теннис, как свидетельствует ЮНЕСКО, развивался значительно быстрее, чем любой другой вид спорта. Да и сегодня по темпам роста, по быстроте увеличения числа занимающихся, по обретению популярности равных ему немного... Это сегодня один из трех самых модных видов спорта (наряду с горными лыжами и виндсерфингом), и мода эта объяснима... Она вовлекла в свою орбиту не только одни лишь «элитарные круги»: теннис может стать очень дорогим, но может быть и довольно дешевым увлечением».

Если продолжать сопоставление этой игры с футболом, то можно спросить, что проще оборудовать — 100-метровое футбольное поле или 23-метровый теннисный корт? Ответ очевиден. На одном футбольном поле может разместиться не менее 24 теннисистов.

И в заключение вспомним Владимира Маяковского:

Спина утомилась.
Блузами вспенясь,
Сделайте милость,
Шпарьте в теннис.

Трансляция Олимпийских игр

Принято считать, что трансляцию соревнований во время проведения Олимпийских игр телезрители смотрят в прямом эфире. К сожалению, так бывает не всегда. Во-первых, существует проблема часовых поясов: если в Атланте день, то в России — поздний вечер, и, конечно, после напряженного рабочего дня тяжело выделить несколько часов для просмотра любимых видов спорта. Во-вторых, национальные телекомпании, покупающие у Международного олимпийского комитета право на трансляцию Игр, показывают соревнования вечером, в самое высокооплачиваемое рекламное время. С одной стороны, это естественно. Когда вы заплатили за право трансляции 750 миллионов долларов, как, например, это сделала американская телекомпания Эн-Би-Си на Олимпиаде 2000 года в Сиднее, хочется, чтобы эти деньги вернулись и, желательно, дали прибыль.

Но с другой стороны, а как же болельщики? Ведь наблюдать за соревнованиями любимых команд и спортсменов по-настоящему интересно только в прямом эфире, тем более что сейчас благодаря всемирной компьютер ной сети — Интернету — результаты соревнований можно узнать мгновенно. Одна из самых мощных американских интернет-компаний «Америка он-лайн» во время зимней Олимпиады в Солт-Лейк-Сити обнаружила, что ее пользователи не любят узнавать результаты игр раньше, чем успевают посмотреть их по телевизору. Благодаря данному факту «Америка он-лайн» создала в сети специальную свободную зону, где пользователи могут «плавать» по Интернету, не опасаясь случайно натолкнуться на результаты состязаний.

Тренировки или наука?

В 1942 году мировой рекорд прыгунов с шестом составлял 4 м 77 см, и только через 18 лет планка была поднята еще на 3 см, а через три года, в 1963 году, появился новый рекорд — 5 м 20 см.

В наше время пока непревзойденным остается результат Сергея Бубки — 6 м 15 см. Что же вызвало такой невероятный скачок в результатах? Большинство людей считает, что это произошло из-за появления новых, более результативных методик тренировки. Другие, более сведущие в спорте, говорят, что причина в частом употреблении допинга. И те и другие отчасти правы. Но они не учитывают достижения науки. Революцию в прыжках с шестом произвели не столько спортсмены, сколько ученые. Ими вместо обычных бамбуковых и металлических шестов были предложены новые — фибергласовые, которые изготавливают из специальной синтетической смолы и стекловолокна. Шесты работают на изгиб и сжатие и, аккумулируя кинетическую энергию, вкладываемую прыгуном, забрасывают спортсмена на высоту, которая прежде считалась абсолютно недосягаемой. Разумеется, что с появлением фибергласса изменилась и техника самого прыжка.

Увеличение скорости у бегунов — тоже следствие технического прогресса. Новые дорожки, покрытые тартаном, по мнению известного французского спортсмена Мишеля Жази, позволяют пробежать 800 м быстрее на 1 с, 1 500 м — на 3 с, 5 000 м — на 15 с. Тартан — это покрытие из синтетической смолы, которое устойчиво к температурным колебаниям и не изменяет своих качеств при температуре от −35 °С до +45 °С. Это позволяет проводить соревнования при любой погоде. И даже дождь, гибельный для гаревых дорожек, тартану нипочем. Впервые его использовали на Олимпиаде в Мехико, где благодаря этому было поставлено много новых рекордов.

Уникальный Бобров

Казалось бы, футбол и хоккей — совершенно разные игры, объединяют их только ворота и необходимость забивать голы. И уж тем более считается, что преуспеть и в том и в другом

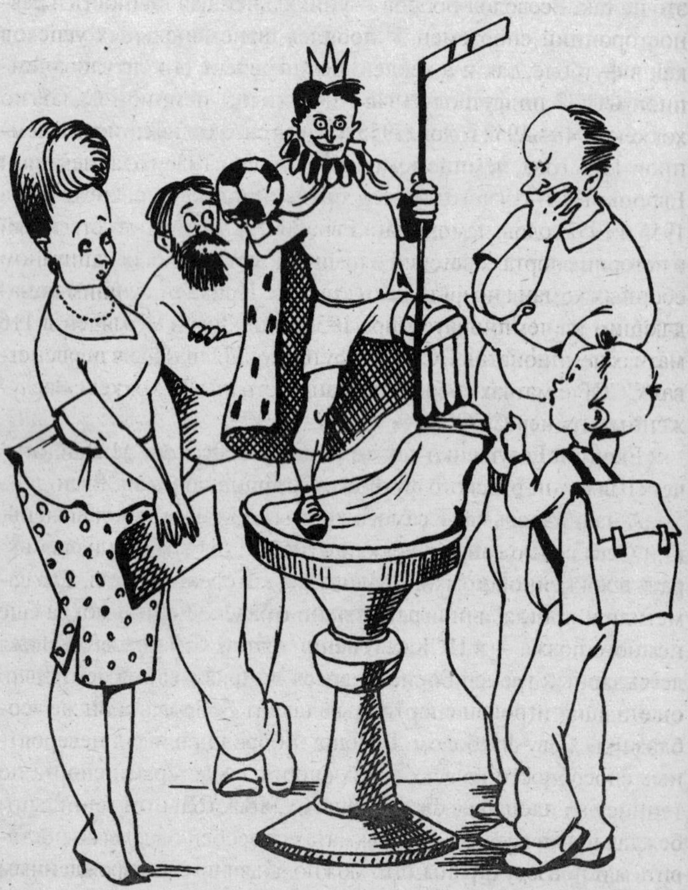

виде спорта один и тот же человек не сможет никогда. Однако это не так. Всеволод Бобров — уникальнейшая личность и разносторонний спортсмен — добился феноменальных успехов как в футболе, так и в хоккее. Вот перечень его титулов: чемпион СССР по футболу 1946—1948 годов, чемпион СССР по хоккею 1948—1952 годов, 1955 и 1956 годов; олимпийский чемпион 1956 года, чемпион мира 1954 года и 1956 года, чемпион Европы 1954—1956 годов; серебряный призер первенств мира 1955 и 1957 годов, чемпионата Европы 1957 года. Единственный в истории спорта советский олимпиец, который был капитаном сборных команд по футболу и хоккею. Признан лучшим нападающим на чемпионате мира 1954 года. Забил 97 мячей в 116 матчах чемпионатов СССР по футболу, 332 шайбы в первенствах СССР и матчах сборной команды страны по хоккею. Заслуженный тренер СССР.

Евгений Евтушенко как-то сказал о Всеволоде Михайловиче: «Шаляпин русского футбола. Гагарин шайбы на Руси».

А начиналось все с самого детства. Уже в пять лет маленький Сева вовсю гонял в хоккей с мячом. В 16 лет он начал играть в хоккейной команде завода, на котором работал. Его заметили и пригласили играть в ленинградское «Динамо», а еще немного позже — в ЦСКА. Именно в этой команде его увидел легендарный тренер Борис Андреевич Аркадьев, моментально оценивший игровой спортивный талант Боброва, и он же «соблазнил» Севу футболом. Вообще, Бобров проявлял невероятные способности во всех видах спорта: с мастерами спорта по теннису на площадке был на равных, в настольный теннис побеждал почти всех, даже в шахматах способен был легко поставить мат призеру страны. Это можно объяснить его врожденным умением быстро усваивать игровые навыки и владением искусства имитации. Стоило Боброву увидеть какой-либо новый прием или финт, он тотчас же запоминал его и мог с точностью повторить. Конечно, и в футболе у него все получилось, к тому же у Боброва был невероятно подвижный коленный сустав, позволявший ему изгибать бьющую ногу наподобие пропеллера и при одном и том же замахе направлять мяч в разные стороны. Дела на футбольном поле продвигались прекрасно, пока в 1946 году не случилось несчастье. В матче с киевским «Динамо» защитник Николай Махиня во время обороны ворот прыгнул Боброву на пятку. Тот дернулся вперед, но нога осталась припечатанной к земле — и коленный сустав не выдержал. С тех пор Бобров играл с перебинтованной ногой, постоянно применяя обезболивающие препараты. После Олимпиады-52 в городе Хельсинки Всеволод Михайлович решил уйти из футбола и начал серьезно заниматься хоккеем. Было ему 24 года. В этом возрасте многие игроки покидают большой спорт, а Бобров только начинал. В хоккей он смог играть только потому, что скольжение по льду уменьшает нагрузку на коленные суставы, благодаря чему он добился в данном виде спорта даже больших результатов, чем в футболе. И уже на Олимпиаде 1956 года Бобров принимал из рук президента МОК золотые медали для советской команды.

Физкультура и спорт

> Спорт калечит,
> а физкультура лечит!
> *Народная мудрость*

О разделении спорта и физкультуры всерьез начали говорить в 80-х годах XX столетия, причем последнюю считали неким придатком спорта, а людей, ею занимавшихся, —

третьеразрядными спортсменами. Многие считают так и поныне. В действительности цели физкультуры и спорта совершенно различны. Спорт представляет собой постоянный тренировочный процесс, направленный на установление новых рекордов. Он, в первую очередь, развивается за счет техники (новейшего оборудования и современной экипировки) и допингов. Поэтому и возникает закономерный вопрос: в чем смысл таких занятий? Стандартный ответ заключается в том, что спорт необходим для развития и воспитания личности, для укрепления дружбы между народами и для других целей. Попробуем разобраться в этом более детально. Говорят, что спорт — это здоровье и активный отдых. Так ли это на самом деле? Известный баскетболист Ш. Марчуленис, член сборной СССР по баскетболу, в интервью газете «Советский спорт» сказал: «Здоровье большой спорт не приносит. У меня тоже бывают неспокойные ночи. Просыпаюсь от ощущения, будто бы мне в голову мячи летят». Спорт, а особенно большой спорт, и здоровье — вещи абсолютно несовместимые. Во время тренировок профессиональный спортсмен должен работать на пределе своих возможностей, иначе он не сможет показать довольно высокие результаты. И, конечно же, систематические тяжелейшие нагрузки практически неизбежно приводят к тем или иным травмам. Нет ни одного серьезного спортсмена, у которого не было бы перелома, растяжения или разрыва связок. Нельзя забывать и о «химии», которую постоянно принимают все профессионалы. Увеличенная печень и больное сердце — лишь самые незначительные из ее побочных эффектов.

Разговоры о том, что спорт способствует развитию личности, несколько не соответствуют действительности. Да, благодаря ему человек укрепляет свое тело и дух, но в соревновательном спорте безраздельно властвует система так называемого «блата» — давления на судейство со стороны организаторов, которые «проталкивают» своих спортсменов и т.п. Она часто приводит к тому, что честно тренирующийся человек теряет веру в свои силы и прекращает заниматься. Это, естественно, совершенно не способствует развитию личности, а в некоторых случаях приводит к ее деградации. И даже многие чемпионы и рекордсмены, сходя с пьедесталов почета, часто «остаются у разбитого корыта» — со сломанными судьбами, потерянные и всеми забытые. Кроме того, перед ними достаточно остро встает проблема поиска средств к существованию. В результате те, кто не смог устроиться на тренерскую или иную связанную со спортом работу, становятся банщиками, грузчиками или просто бандитами. Спорт готовит целую армию бывших «звезд», обреченных на тоску по славе, победам и материальному благополучию. Бывает и так, что выход из данной ситуации некоторые спортсмены находят в праздном образе жизни, пьянстве. Характерна в этом отношении трагическая судьба советской футбольной «звезды» Валерия Воронина. Бессмысленное прожигание жизни, алкоголь, постоянные депрессии и страшный исход. В 45 лет его нашли в бессознательном состоянии на городской окраине с проломанным тяжелым предметом при невыясненных обстоятельствах черепом.

Говорят, что спорт — это мир. К большому сожалению, идеи Пьера де Кубертена не пользуются особой популярностью. Постоянно в прессе появляется информация о массовых побоищах среди футбольных фанатов. Чего стоят только беспорядки в Москве, устроенные болельщиками сборной России из-за ее проигрыша Японии на последнем чемпионате мира по футболу! Ну разве можно такую ситуацию называть миром? Вспомним, например, войну между Сальвадором и Гондурасом в 1969 году, причиной которой являлся отборочный матч между этими странами на первенство мира по футболу. Для поддержания боевого духа своих солдат все радиоканалы Сальвадора каждый день повторяли записи репортажа злополучной игры. Эта «футбольная» война забрала 3 тысячи жизней, обеим странам был нанесен огромнейший материальный ущерб. На Московской олимпиаде 1980 года отказались выступать спортсмены из США, а в 1984 году на Игры в Лос-Анджелесе не поехали уже наши спортсмены. В настоящее время спорт стал просто придатком большой политики.

Что же касается физкультуры, то здесь ситуация абсолютно иная. Ее цель, в первую очередь, оздоровление общества и каждой конкретной личности.

Таким образом, существующая тенденция к объединению понятий «физкультура» и «спорт», с одной стороны, создает великолепную ширму для многих негативных сторон последнего, а с другой — ставит первую в положение «недоразвитого спорта». Ее благородные цели механически «переносятся» на спорт, достижения которого выдаются за развитие физкультуры. Изменится положение только в том случае, если физкультура будет развиваться под руководством Министерства культуры или Министерства здравоохранения, но только не Госкомспорта.

Прочитав эту статью, можно прийти к массе самых неутешительных выводов, и основным из них будет такой: «Спорт вреден, а физкультура полезна». На самом же деле в случае с первым главное — четко определить свои цели и иметь чувство меры, иначе вряд ли серьезные занятия приведут к чему-либо хорошему. Если вы мне не верите, посмотрите на Моххамеда Али. Нельзя забывать о том, что спорт — это индустрия, шоу-бизнес со своими жестокими законами и правилами.

Футбольная экипировка

Экипировка футболистов, как принято считать, за все время существования профессионального футбола (более столетия) не претерпела существенных изменений. На самом деле это заблуждение. В 1909 году спортивную одежду изготавливали из толстой шерсти, но через малый промежуток времени производители перешли на хлопок — материал более дешевый и практичный. Сначала ворот футболок был завязан на шнуровку, но через два года ее заменили пуговицы. Появление синтетических тканей в 60-х годах XX века ознаменовало собой конец эры хлопка. Что же касается одежды вратаря, то в 1913 году появилось правило, согласно которому цвет его футболки должен был отличаться от цвета формы остальных членов команды. Вообще, футбол привлекателен еще и тем, что его экипировка вполне демократична и не требует очень больших расходов.

Четвертый же пункт свода правил игры гласит, что «базовая обязательная экипировка игрока состоит из свитера или футболки, трусов, гетр, щитков и спортивной обуви. Спортсмену запрещается выходить на поле в одежде, которая может представлять угрозу здоровью других футболистов. Цвет формы вратаря должен быть отличным от цвета формы других игроков и арбитра». С течением времени вся футбольная экипировка, вплоть до мячей и вратарских перчаток, так или иначе изменялась. Развитие технологий ее производства сильнее всего проявилось в дизайне и изготовлении бутс. Сегодня их производство — это целая высокоразвитая индустрия, оборот которой составляет миллионы долларов и основывается на новейших достижениях в области научно-технических исследований.

Вес современных мячей на 30 г больше веса довоенных мячей. Однако выглядят они более легкими благодаря использованию специальных технологий, которые к тому же делают мяч абсолютно водонепроницаемым.

Хоккей с мячом

Обычно мы считаем, что две основные разновидности хоккея с мячом — флорбол и хоккей на траве — это одна и та же игра. Но мы заблуждаемся. В этих играх общая, похожая идея, но история и правила совершенно разные.

История хоккея на траве является одной из самых славных и долгих среди всех видов спорта, входящих в программу Олимпийских игр. Археологи нашли в долине Нила рисунки, на которых изображены люди, играющие в игру, очень похожую на современный хоккей на траве. По оценкам специалистов, возраст этих находок примерно 4 тысячи лет! На найденных эскизах у игроков нет никакой защитной амуниции ни на лице, ни на ногах, однако та игра имеет прямую связь с сегодняшним видом спорта, представленным на Олимпийских играх. Подобная игра, в которой использовались мяч и палка, существовала еще у древних греков и египтян, но современный хоккей на траве возник в Великобритании в конце XIX века. Впервые он попал в программу Олимпийских игр в 1908 году в Лондоне, а с 1928 года включается в них постоянно. Чемпионаты Европы по хоккею на траве стали проводиться с 1970 года, а годом позже начали определяться и самые сильные команды в мире. Женская же разновидность игры была включена в олимпийскую программу в 1980 году. Сейчас хоккей на траве по своей популярности занимает второе место в мире после футбола среди всех командных игр на открытом воздухе.

Флорбол намного моложе и не имеет такой богатой истории. В 1986 году была основана Федерация флорбола как ассоциация флорбола Финляндии, Швеции и Швейцарии. В 1992 году был проведен первый официальный Конгресс в Цюрихе (Швейцария). В 1993 году первый Европейский кубок состоялся в Хельсинки (женщины) и Стокгольме (мужчины). В 1994 году первый чемпионат Европы среди мужчин был проведен уже в Финляндии. В 1995 году первый чемпионат Европы среди женщин и второй чемпионат Европы среди мужчин состоялись в Швейцарии. В 1996 году первый чемпионат мира среди мужчин прошел в Швеции. На финальный матч, проходивший в «Stockholm Globe Arena», было продано 15 106 билетов. В 1997 году первый чемпионат мира среди женщин прошел в Аданде (Финляндия). На сегодняшний день в Федерации флорбола состоят 22 страны.

Что такое карате?

Карате, или, как более правильно, карате-до («путь карате») — один из самых популярных во всем мире видов восточных единоборств. Но почему-то практически все люди считают, что это спорт, и заблуждаются. Карате не только не вид спорта, но даже не система единоборств. Это образ жизни. Настоящие адепты посвящают ему всего себя без остатка. У них, как правило, нет семьи и практически нет друзей, кроме таких же каратистов, как и они сами. Смысл жизни этих людей состоит в познании Истины путем занятий карате, которые укрепляют как дух, так и тело. Ни один из видов спорта не преследует такой цели. Но после того как карате вышло из Японии и начало свое триумфальное шествие по всему миру, оно все больше «оспортивливается». Ученики после тренировки идут домой и, вместо того чтобы медитировать, созерцая лунный диск, включают телевизор или заваливаются на диван полистать журнал. Конечно, после такого продолжения тренировки Истину никто не находит, поэтому карате занимаются для укрепления здоровья, прививания навыков элементарной самообороны или ради самоутверждения. Так что его, наверное, можно разделить на два направления: настоящее и спортивное. Но все же еще раз заметим, что корни карате в изначальном и единственно полном смысле этого слова лежат принципиально вне сферы спорта как такового.

Следует сказать, что вокруг карате ходит масса слухов и небылиц, которые мы попытаемся рассмотреть. Начнем с самого названия. Спросите любого каратиста или просто подкованного в этом вопросе человека о том, что означает слово «карате»? Они тут же ответят: в переводе с японского это означает «пустая рука», что можно интерпретировать двояко: «рука, лишенная всякого оружия» либо «рука, лишенная всякого злого намерения». Но столь уверенный ответ не будет являться истиной. На самом деле «карате» по-японски — это «китайская рука». Первое значение иероглифа «кара» — «Китай», и лишь второе — «пустой». Из названия видно, что это вариант китайского у-шу, заимствованный прямо из Китая. Так оно и было продолжительное время, пока карате культивировалось на острове Окинава. Только в XX веке оно попало в Японию. Во время расцвета японской империи везде и во всем искали японские корни, что в полной мере коснулось и карате. Естественно, тут же нашлись разнообразные «лингвисты», которые начали спекуляции на тему «исконно японского» боевого искусства карате-до («путь пустой руки»). При этом игнорировался не только тот факт, что о карате в Японии в XIX веке еще никто ничего не знал, но и то, что в этой «пустой руке» находится довольно много оружия: палки (бо, дзё), нунчаку, сай и т.д.

Идем дальше. Считается, что карате — древний вид боевого искусства. На самом же деле ему чуть более 100 лет. Истоки этого единоборства можно найти в истории острова Окинава, который расположен на границе между Китаем и Японией. Конечно, в череде бесчисленных войн остров неоднократно захватывали то китайцы, то японцы, которые первым делом начинали грабить и всячески притеснять несчастных жителей Окинавы. В ответ те были вынуждены придумать эффективную систему самообороны, основы которой были заложены китайскими эмигранта ми. Назвали новую систему «окинава-тэ», что, нетрудно догадаться, означает «рука Окинавы». Кстати сказать, по эффективности окинава-тэ намного превосходило карате. Приведем пример небольшого стихотворения из трактата по окинава-тэ XVIII века, которое замечательно характеризует эту боевую систему:

> *Время не трать даром.*
> *Молод ты иль стар,*
> *Учись ударом отвечать на удар.*
> *Пусть крепче булатной стали будет*
> *твоя рука,*
> *Чтобы враги зря уповали*
> *На мощь стального клинка.*

В начале XX столетия японец по имени Фунакоси Гитин, будучи мастером окинава-тэ, немного изменив его, создал карате. Наиболее известны 4 японские «классические» школы: шотокан, шидарю, годзю-рю и вадо-рю, представляющие собой вариации одной и той же окинавской школы. Несколько особняком от них стоит школа кекусинкай. Эти «древние боевые искусства» основаны: шотокан — в 1924 году, шидарю — в 1926 году, годзю-рю тоже в конце 20-х годов, вадо-рю — в 1939 году, а кекусинкай — в 1952 году. Но важно даже не это. На Востоке, чтобы придать чему-то побольше значимости, обычно приписывают этому явлению древность, на Западе, наоборот, ультрасовременность.

История создания школ и федераций карате сама по себе очень показательна. Примерно каждые 20—30 лет от старой федерации или школы отделяется новая, мотивируя разрыв самыми разными причинами. Так, например, в начале 90-х годов мастер кекусинкай 6-го дана — Асихара — создал свой стиль Асихара-карате — дикую смесь кекусинкай с классическим боксом. Так что говорить о древности карате неправильно.

Что такое рестлинг?

Множество людей считает рестлинг схваткой мастеров различных стилей единоборств, напоминающей знаменитые бои без правил, в которых дерутся «по-настоящему». На самом деле это спортивное шоу: удары и броски в нем наносятся в 5—10 % силы, а их эффектность достигается мастерством участников, хотя начиналось все с настоящей борьбы (restling в переводе с английского означает «борьба»).

NWA (Национальная ассоциация рестлинга) считается родоначальницей WCW, или мирового чемпионата по рестлингу. Хотя официально NWA была создана лишь в 1948 году, она существовала еще задолго до этого, и первые ее организаторы находились в Луизиане. Кстати, 16-й президент США Авраам Линкольн был одним из чемпионов NWA. Первое упоминание о присвоении чемпионского титула NWA относится к 7 февраля 1877 года, когда Уильям Малдун победил француза Кристола, став чемпионом мира по греко-римской борьбе, одновременно получив звание чемпиона мира по рестлингу. 14 июля 1947 года в Северной Америке из нескольких разрозненных групп была создана единая Национальная ассоциация рестлинга. Хотя ее члены занимались разными стилями борьбы, все они, тем не менее, были согласны выступать под эгидой NWA. Возглавил последнюю Пинки — Джордж Орвилл Браун, руководивший Ассоциацией борьбы Среднего Запада NWA и являвшийся чемпионом в тяжелом весе. Он стал также первым чемпионом NWA, поскольку все звания были объединены. В 1990 году Юго-восточная организация сформировала Объединенный национальный союз борьбы. Эта организация стала известна как мировой чемпионат по рестлингу (WCW). 21 марта

1991 года в Токио Татсуми Фуджинами победил-таки Рика Флэра, отобрав у него звание чемпиона мира NWA. WCW, однако, не согласился с этим и, учредив собственный чемпионский титул, отдал его Рику Флэру. Руководство мирового чемпионата по рестлингу даже требовало дисквалификации Татсуми. Все это стало причиной появления двух практически одинаковых титулов в рамках NWA. 19 мая 1991 года Рик Флэр все же победил Татсуми Фуджинами во Флориде, объединив оба звания. Однако они были отобраны у чемпиона после ухода его в WWF (Всемирную федерацию рестлинга) и разыгрывались раздельно как титулы WCW и NWA. 18 июля 1993 года, вернувшись в NWA/WCW, Флэр наносит поражение Барри Виндхему и снова объединяет оба титула. С тех пор о NWA не упоминается.

WWF была основана в 1960 году отцом Винса Мак-Махона. Стиль борьбы тогда намного отличался от того, который пропагандируется сегодня: не было никаких клоунов, монстров и тому подобного — только нормальные крепкие парни с серьезными намерения ми. Когда же в начале 80-х годов федерация перешла к Винсу-младшему, все изменилось. Он использовал именно тот стиль борьбы, который больше всего нравился зрителям, вследствие чего WCW приобрел широкую популярность. Значительный вклад внес в промоушн рестлинга и знаменитый блондин Халк Хоган. Сражение между ним и олимпийским чемпионом Железным Шейхом, в ходе которого Хоган завоевал звание чемпиона и удерживал его в течение нескольких лет, и по сей день является одной из самых ярких страниц в истории рестлинга. Другими словами, начиная с 80-х годов последний стал представлять собой шоу, а не настоящий бой и только выиграл от этого. Все сюжеты поединков здесь продумываются заранее, у игры есть миллионы поклонников.

Шашки или шахматы?

Принято считать, что шахматы значительно древнее шашек. На самом деле это заблуждение. Дело в том, что шашкам уже почти 50 веков, а вот о шахматах впервые упоминается только в древнеиндийских рукописях VI века. Существует множество различных предположений о происхождении шахмат, но наиболее убедительной является версия о том, что эта игра родом из Индии, где появилась около 1 500 лет назад. Тогда она называлась «чатуранга», что в переводе с санскрита означает «войска с четырьмя родами оружия: конница, пехота, колесницы и слоны». Всего было 4 фигуры и доска 9х9 клеток. В различии и расположении фигур отразился состав и строй индийского войска того времени. Немного позже эта игра распространилась по всей Восточной и Центральной Азии, а в начале VI века проникла в

Иран, где стала пользоваться большой популярностью. В VII веке Иран завоевали арабы, которым чатуранга очень понравилась. Они же и дали ей новое название — «шатрандж». Правила игры того времени существенно отличались от современных. Именно арабы внесли в них некоторые изменения, оставшиеся до наших дней.

Культура этой игры, достигшая довольно значительного развития у арабов, заметно снизилась при переходе шатранджа в Европу. В период с X по XI век шахматное искусство находилось в упадке. Произошло это, видимо, потому, что уровень культуры раннего средневековья вообще оставлял желать лучшего. Шатрандж стал азартной игрой, где ставили на кон деньги. В конце XIII столетия католическая церковь даже отнесла его к числу запретных, «недостойных христианина греховных забав». Развитие шатранджа тормозилось из-за сложных, не всем понятных правил. Были необходимы преобразования, благодаря которым можно было бы сделать эту игру более живой и стремительной. Они постепенно произошли сами по себе, и примерно в то же время появилось новое название — «шахматы». С этого момента началось триумфальное шествие этой игры по всему миру.

Что же касается шашек — ими увлекались еще древнеегипетские фараоны, которые жили более 50 веков назад. Упоминания о данной игре можно найти как в древнеегипетских, так и в древнегреческих мифах. У Платона можно прочесть легенду о том, как бог Гермес, придумавший шашки, предложил богине Луне поиграть в них с тем условием, что в случае проигрыша он получит пять дней. Одержав победу, он прибавил выигранные дни к тем 360, которые до этого составляли год.

В средневековой Европе умение играть в шашки было непременным условием рыцарского воспитания. В России Петр

Первый всячески поощрял игру в шашки и в шахматы. На учрежденных им увеселительных вечерах тот петербургский сановник, которому подошел черед устраивать ассамблею, должен был помимо всего прочего выделить особую комнату для шахмат и шашек. В трудах русского этнографа А.В. Терещенко можно найти следующие слова: «Нет места по городам, где бы вы не увидели шашек. Особенно они сделались любимы купцами, которые, сидя в гостином дворе, проводят целый день в этой забаве». Большими любителями шашек были и Державин, и Пушкин, и Толстой.

Шпионаж в гонках

«Все в гонках держится на 4 китах: машина, двигатель, бюджет и, конечно же, мастерство гонщиков» — это слова из интервью Рона Денниса, шефа команды «McLaren». Примерно так думают и многие болельщики, а также большинство людей, хотя бы слышавших об автогонках. В общем, это соответствует действительности. Однако есть очень важная составляющая успеха, о которой люди не задумываются, — информация. Для ее получения используется самый настоящий шпионаж. Но обо всем по порядку и более детально.

Далее в своем интервью мистер Деннис сказал: «Ну, разумеется, помимо того, о чем я уже сказал, есть еще масса сложностей. Важна каждая мелочь, а наша же задача — предусмотреть все заранее». Если не брать в расчет команду механиков и заправщиков, от которых в значительной степени могут зависеть выигрышные доли секунды на гонках, то что же скрывается за словами «масса сложностей» и «мелочь»?

Все темные истории время от времени всплывают наружу. Гонок это тоже касается. Приведу факты, составляющие невидимую часть айсберга под названием «Формула-1».

В 70-х годах команды оставляли автомобили на ночь, просто накрыв их сверху брезентом. Так продолжалось до тех пор, пока инженеры «Brabham», вернувшись в свои боксы после наступления темноты, не застали там владельца одной из конкурирующих команд, который с дюжиной помощников осматривал их машину при свете фонариков. Сам Рон Деннис рассказал, что его люди обнаружили, а затем заперли в командном фургоне инженера из «конюшни» соперника, обследовавшего их автомобиль. Технический директор «Ferrari» Росс Браун обнародовал случай, произошедший во времена его работы в «Williams». Конструкторское бюро было взломано. На первый взгляд, ничего не пропало, но затем обнаружили нехватку фотокопировальной бумаги. Спустя два года после этого случая на заводе «Williams» в Дидкоте были украдены 11 компьютеров, содержавших информацию по проектированию и испытаниям. Из-за серии подобных инцидентов «Williams» стала первой командой, нанявшей охрану.

Задача службы безопасности абсолютно всех команд — защищать новейшие технологии. Расследование вскрытия контейнеров с двигателями «Mercedes-Benz» показало, что система, подвергшаяся осмотру, может представлять интерес только для автогоночного инженера. Когда правила еще не регламентировали состав топлива, особое горючее позволяло увеличивать мощность двигателя и надежность его работы. Одна из команд добыла образец из пустой бочки, брошенной соперниками после тестовых заездов. Был проведен анализ, затем составляющие топлива быстро доставили из 3 (!) разных стран, при этом стоимость литра горючего перевалила за 1 500 долларов. Зато на следующий день машина «химиков» улучшила результат на круге на целую секунду. Говорят, после этого механики команд стали справлять малую нужду в пустые бочки из-под бензина, чтобы добавить работы химическим лабораториям конкурентов. Теперь и покопаться в мусоре любой команды невозможно. Технический директор фирмы «Benetton» Пэт Симондс утверждает так: «Мы ничего не оставляем после себя. Ничего!» Абсолютно все команды давно применяют старый принцип секретности: никто не должен знать больше того, что ему необходимо для выполнения своих служебных обязанностей.

Анализ фото- и видеоизображения дает возможность получать информацию конструкторам соперничающих команд. Программы, позволяющие вычислять размеры на экранах компьютеров с точностью до 1 мм, — это реальность. Поэтому механики «McLaren» и «Ferrari» чуть ли не на ходу закрывают чехлами аэродинамические поверхности автомобилей, когда те возвращаются в боксы.

Причем воспользоваться техническими данными можно не только для копирования какого-то узла.

1999 год. Гонки в Малайзии. Представители «McLaren» обратили внимание технического делегата FIA на отклонение от регламента в размерах переднего дефлектора «Ferrari». Но ведь никого из инженеров британской команды не допускали к красному автомобилю с рулеткой в руках. Фантастический «глазомер» вызвал скандал и едва не привел к снятию с соревнований гонщиков «Ferrari». Те в долгу не остались: сомнительная дисквалификация Култхарда в Бразилии; история с письмом «Ferrari» стюардам австрийской гонки, за этим последовало лишение автомобиля «McLaren» (на этот раз Хаккинена) права участвовать в гонках.

Из последнего. FIA рассматривала запрос итальянцев о «допустимости использования «управляющего дифференциала» для достижения эффекта управления 4 колесами». Федерация ответила, что использование такого устройства противоречило бы статье технического регламента. Для тех, кто не понимает, о чем собственно идет речь, поясню: такая деталь является конструктивной особенностью серебристых машин «McLaren». Но это шпионские игры.

В телевизионных репортажах о гонках можно четко рассмотреть на голове руководителей «Ferrari» наушники с забавными рожками-антеннками и прикрепленным микрофоном. Естественно, что полную информацию получить невозможно, но точно известно, что «Ferrari» для ведения «внутрикомандных» радиопереговоров закупила оборудование, которое используется, в частности, вооруженными силами Израиля. Шифровальная система военного происхождения вообще-то приравнивается к оружию, и для ее приобретения необходимо специальное разрешение. Может быть, эта аппаратура является «устройством

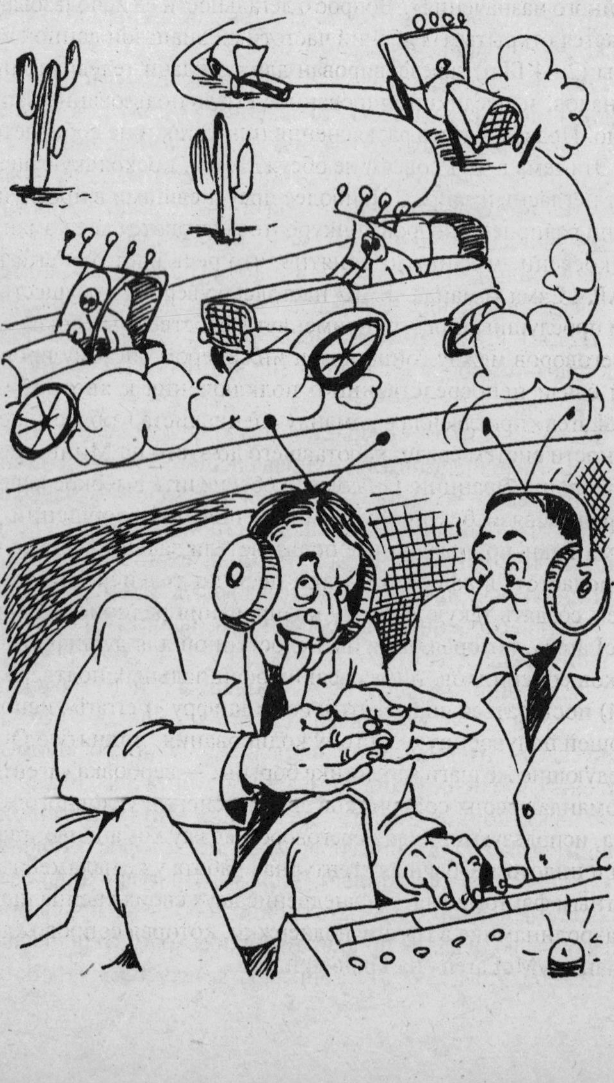

двойного назначения»? Вопрос о легальности ее использования остается открытым. Рабочий частотный диапазон данной системы (2—4 ГГц) зарезервирован для передачи телевизионных сигналов, и несанкционированное его использование запрещено. Правда, давать разъяснения никто так и не собирается.

Эта тема в Ф-1 совсем не обсуждается, поскольку существует негласный запрет. Наиболее преуспевшими в прослушивании радиопереговоров конкурентов считаются две команды. По косвенным данным, понятно, что речь идет о «Ferrari» и «BAR». Сама команда «BAR» настолько уверена в осуществлении прослушивания, что применяет в собственных боксах для переговоров между гонщиком и инженером систему проводной связи непосредственного подключения к автомобилю. «McLaren» пригласила в команду специалиста в области безопасности систем связи, работавшего до этого на Министерство обороны Франции. Он должен обеспечить высокое качество радиосвязи без необходимости повтора сообщений (во время Гран-при различные пользователи задействуют до 650 радиочастот, в эфире работают десятки телепередатчиков), затем создать такую систему кодирования радиопереговоров «McLaren», которая была бы недоступной для дешифровальщиков соперников, и (без всяких официальных подтверждений) постараться подыскать ключ к шифру «Ferrari», использующей полувоенную систему кодирования, принятую ООН. Следующие же шаги, по логике борьбы, — вербовка «агентов» в командах своих соперников для выяснения условного жаргона, используемого для переговоров между командным пунктом и пилотом. Обычная агентурная работа уже налажена: известным фактом является внедрение двух своих специалистов по аэродинамике в группу поддержки, которая сопровождала команду «McLaren» на Гран-при.

Все это звучит невероятно, но объясняется очень просто. «Формула-1» — это большой бизнес. Суммарный годовой доход данного «предприятия» составляет более 3 миллиардов долларов. Плюс корпорации, заинтересованные только в успешных выступлениях «своих» команд. Карьера многих сотрудников напрямую зависит от места, занятого «их» командой на финише Гран-при. Поэтому люди, связанные с этим спортом, идут на все.

Другими словами, перефразируя слова Денниса, можно сказать так: «Пять китов гонок — машина, двигатель, бюджет, мастерство и, конечно же, шпионаж». А фильм «Гонщик» с Сильвестром Сталлоне хоть и очень зрелищный, но действительности не отражает.

Alexander Schubert
Privat-Bibliothek

Содержание

А были ли «равноправными» игры в Древней Греции?.......	5
Агасси	6
Айкидо	9
Акватлон	10
Альпинизм. Что это такое?	12
Англия — родина футбола?	15
Арбалетный спорт	18
Баскетбол	19
Батистута	22
«Бедные» и «богатые»	26
Бейсбол	28
Биатлон	29
Брумбол	32
«В ожидании ветра» или «в погоне за волной»?	34
«Ваше Величество, второго пока не видно»	40
Велоспорт или гребля?	45
Вот так женщины!	49
Вот так изменения!	52
Гандбол	59
Гольф	65
Горнолыжный спорт	69
Городки	70
День рождения регби	72
Диск и копье	77
Евреи и спорт	82

Жан-Клод Ван Дамм	84
Журналисты и спорт	86
Игра для рабочих	89
История бобслея	91
История велоспорта	93
История волейбола	99
История дзюдо	101
История настольного тенниса	105
История плавания	108
Капоэйра	109
Керлинг	114
Кикбоксинг или муай-тай?	115
Король футбола	118
Круговая дистанция	121
Кто самый богатый?	122
Курникова и Кабаева	128
Лев Яшин	131
Лодки для гонок	136
Ломоносов или Кубертен?	137
Любители и профессионалы	138
Майк Тайсон	142
Маленькая «Формула-1»	146
«Малый флот»	151
Михаэль Шумахер	154
Мотоспорт	156
Нахлыст	162
Олимпиада: как все начиналось	164
«Олимпиада хаоса»	166
Олимпийские виды спорта	169
Опасный футбол	173
Откуда пришел хоккей?	179

Ох уж этот счет!	179
Павел Буре	181
Пейнтбол	184
Первый президент МОК	185
«Пещерный» спорт	187
Пляжный волейбол	189
Пожарный спорт	190
Происхождение бильярда	195
Прыжки с трамплина	198
Прыжок из космоса	200
Прыжок Фаила	203
Римские Олимпиады	205
РММ	206
Рок-н-ролл	210
Самый титулованный клуб	213
Секс-контроль	213
Силовое троеборье	218
Скелетон	223
Сколько рекордов?	225
«Собачий» спорт	227
Создатель самбо	230
Спонсоры и спорт	234
Спорт и политика	238
Спортивные результаты	239
Спортивные танцы	241
СССР и «Формула-1»	243
Стадион	246
Таврели	247
Теннис и старость	248
Теннис — спорт для избранных?	249
Трансляция Олимпийских игр	251

Тренировки или наука?	252
Уникальный Бобров	253
Физкультура и спорт	256
Футбольная экипировка	260
Хоккей с мячом	262
Что такое карате?	264
Что такое рестлинг?	267
Шашки или шахматы?	270
Шпионаж в гонках	272

Хмельницкий Богдан Николаевич

СПОРТ, СПОРТ, СПОРТ...

Ответственный редактор *Л. Клюшник*
Редактор-составитель *А. Матюша*
Иллюстрации *Э. Гринько*
Художественный редактор *П. Ильин*
Компьютерная верстка *В. Прудников*

В оформлении переплета использованы иллюстрации
художника *Э. Гринько*

ООО «Издательство «Эксмо»
127299, Москва, ул. Клары Цеткин, д. 18, корп. 5. Тел.: 411-68-86, 956-39-21.
Home page: www.eksmo.ru   E-mail: info@ eksmo.ru

*По вопросам размещения рекламы в книгах издательства «Эксмо»
обращаться в рекламный отдел. Тел. 411-68-74.*

Оптовая торговля книгами «Эксмо» и товарами «Эксмо-канц»:
ООО «ТД «Эксмо». 142700, Московская обл., Ленинский р-н, г. Видное,
Белокаменное ш., д.1. Тел./факс: (095) 378-84-74, 378-82-61, 745-89-16.
Многоканальный тел. 411-50-74. **E-mail: reception@eksmo-sale.ru**

Мелкооптовая торговля книгами «Эксмо» и товарами «Эксмо-канц»:
117192, Москва, Мичуринский пр-т, д. 12/1. Тел./факс: (095) 932-74-71.
127254, Москва, ул. Добролюбова, д. 2. Тел.: (095) 745-89-15, 780-58-34.
www.eksmo-kanc.ru   e-mail: kanc@eksmo-sale.ru

*Полный ассортимент продукции издательства «Эксмо» в Москве
в сети магазинов «Новый книжный»:*
Центральный магазин — Москва, Сухаревская пл., 12
(м. «Сухаревская», ТЦ «Садовая галерея»). Тел. 937-85-81.
Информация о других магазинах «Новый книжный» по тел. 780-58-81.

В Санкт-Петербурге в сети магазинов «Буквоед»:
«Книжный супермаркет» на Загородном, д. 35. Тел. (812) 312-67-34
и «Магазин на Невском», д. 13. Тел. (812) 310-22-44.

Полный ассортимент книг издательства «Эксмо»:
В Санкт-Петербурге: ООО СЗКО, пр-т Обуховской Обороны, д. 84Е.
Тел. отдела реализации (812) 265-44-80/81/82/83.
В Нижнем Новгороде: ООО ТД «Эксмо НН», ул. Маршала Воронова, д. 3.
Тел. (8312) 72-36-70.
В Казани: ООО «НКП Казань», ул. Фрезерная, д. 5. Тел. (8432) 70-40-45/46.
В Киеве: ООО ДЦ «Эксмо-Украина», ул. Луговая, д. 9.
Тел. (044) 531-42-54, факс 419-97-49; e-mail: **sale@eksmo.com.ua**

Подписано в печать 17.03.2005.
Формат 70x100 $^1/_{32}$. Печать офсетная. Бумага тип. Усл. печ. л. 11,61.
Тираж 4000 экз. Заказ №1734.

Отпечатано во ФГУП ИПК "Ульяновский Дом печати"
432980, г. Ульяновск, ул. Гончарова, 14

ИЗДАТЕЛЬСТВО ЭКСМО & ИЗДАТЕЛЬСТВО СКИФ

С появлением на свет ребенка связано множество чувств, переживаний и хлопот — приятных и не очень. Не в последнюю очередь это связано с тем, что педагогика, педиатрия и все вопросы, так или иначе касающиеся зачатия, вынашивания, рождения и первых месяцев жизни малыша, чрезвычайно мифологизированы! Кому как не беременным и молодым неопытным матерям приходится постоянно выслушивать советы и навязчивые наставления из разряда ОБС («одна бабушка сказала») и слепо перенимать опыт у своих родителей, бабушек и дедушек вместе с уже сложившимся набором неких стереотипов и штампов, бытующим в том социальном слое, к которому принадлежит та или иная семья. И как порой бывает трудно найти критерии, чтобы отличить правду от вымысла, истинный путь — от общепринятого заблуждения!

В предлагаемом Вашему вниманию издании собраны и проанализированы заблуждения, так или иначе связанные с вынашиванием, рождением ребенка и первыми месяцами его жизни. Одно из отличий этой книги от предыдущих, выпущенных в данной серии, в том, что наряду с анализом мифов в ней даны практические рекомендации и советы.

ИЗДАТЕЛЬСТВО ЭКСМО & ИЗДАТЕЛЬСТВО СКИФ

Как гласит старинная русская поговорка: «У Бога всего много». Человечество живет в мире, полном удивительнейших чудес, неимовернейших фактов и захватывающих дух историй. В повседневной жизни нас окружает масса всевозможных примет и суеверий. Мы имеем склонность верить самым немыслимым небылицам, откровенным выдумкам и высосанным из пальца слухам. Как же отличить истину от лжи, неумолимую и порой даже сверхъестественную реальность от досужего вымысла?

Прочтите эту книгу, чтобы узнать правду о мистике!

С одной стороны, вместе с ней в Вашу жизнь войдет ясность и здравый смысл, с другой — в нее ворвется ветер неведомого, чтобы опрокинуть и отменить привычные нам рамки обыденности.

Вас интересуют НЛО? Вы со дня на день ждете нашествия пришельцев? Вы не можете пропустить ни одного астрологического прогноза? Вы боитесь привидений? Вы устали от вранья шарлатанов, именующих себя экстрасенсами и целителями? Вы хотите устроить спиритический сеанс? Тогда эта книга будет Вам необычайно интересна.

Окунитесь вместе с этой книгой в мир таинственного и непознанного!

ИЗДАТЕЛЬСТВО **&** ИЗДАТЕЛЬСТВО
ЭКСМО **СКИФ**

О евреях говорят и пишут очень много. Согласно данным некоторых социологических исследований, среди приоритетных тем российских телеканалов тема «Евреи» занимает третье место после тем «Еда» и «Секс». Представители этого народа окружены массой всевозможных невероятных слухов, домыслов и легенд, их обвиняют во всех мыслимых и немыслимых смертных грехах. Они — причина всех человеческих бед.

Народная молва щедро наделяет евреев всеми существующими отрицательными качествами: они — сущее воплощение жадности, скаредности, расчетливости, мстительности и лицемерия. Слово «еврей» смело употребляют как синоним к словам «мошенник», «обманщик» и «хитрец». Но действительно ли все эти качества являются основополагающими «особенностями национального еврейского характера»? Автор данной книги имеет на этот счет собственное мнение и предлагает Вашему вниманию свое фундаментальное исследование интересующей всех проблемы еврейского менталитета.

ИЗДАТЕЛЬСТВО ЭКСМО & ИЗДАТЕЛЬСТВО СКИФ

Давно минули те времена, когда правда о «кухне» отечественного и зарубежного шоу-бизнеса проникала к нам только в виде сплетен, слухов, анекдотов, подпольных записей, а также по-ленински емких «Голубых огоньков».

Да, те времена канули в Лету, однако, несмотря на это, о том, что такое этот самый шоу-бизнес, из чего он состоит, на чем базируется, каковы основные принципы его существования, этапы развития и «маленькие тайны», мы по-прежнему судим превратно.

Нам неведомы элементарные вещи, а большинство из того, что известно, является заблуждением! Но Вы ведь хотите узнать правду? Тогда не упустите свой шанс!

В книге, предлагаемой Вашему вниманию, приводятся и последовательно опровергаются самые популярные и распространенные из существующих ныне заблуждений. Книга состоит из журналистских мини-исследований, изложенных в легкой, доступной форме.

Узнайте правду первыми!

ИЗДАТЕЛЬСТВО ЭКСМО & ИЗДАТЕЛЬСТВО СКИФ

Еда может подарить нам здоровье и долголетие, а может — болезни и преждевременную старость. Все зависит от того, что мы едим, как, сколько, с кем, что при этом думаем и в каком настроении готовим пищу. Поэтому очень важно иметь достоверную информацию о продуктах питания, их полезных свойствах и способах приготовления.

В предлагаемой Вашему вниманию книге собрано и проанализировано огромное количество современных мифов и заблуждений, связанных с питанием. Чтение этой книги будет для Вас не только увлекательным, но и полезным, ведь многое из прочитанного Вы сможете применить на практике: научитесь выбирать качественные продукты питания, отличать их от подделок и правильно готовить вкусную и здоровую пищу.

От мифов и заблуждений — к реальному знанию, от знания — к здоровью и долголетию!